LA ESTRATEGIA
DE LA ZANCADILLA
Stanley Bing

Traducción de Joan Salvador Vergés

 Planeta

Título original: Sun Tzu Was a Sissy

© Stanley Bing, 2004
Publicado de acuerdo con HarperBusiness, un sello de HarperCollins Publishers, Inc.
© por la traducción, Joan Salvador Vergés, 2008
© Editorial Planeta, S. A., 2008
    Diagonal, 662-664, 08034 Barcelona (España)

Primera edición: enero de 2008
Depósito Legal: M. 52.982-2007
ISBN 978-84-08-07502-8
ISBN 0-06-073477-9, edición original
Composición: Víctor Igual, S. L.
Impresión y encuadernación: Huertas Industrias Gráficas, S. A.
Printed in Spain - Impreso en España

Índice

EL AUTÉNTICO ARTE DE LA GUERRA

PRIMERA PARTE: PREPARA TU «YO» MALO

Segunda parte: Reúne tu ejército

Tercera parte: El tao del ¡ay!

A Alejandro Magno, quien lloró cuando ya no le quedaron mundos por conquistar...

a Bobby Fisher, para quien el ajedrez nunca fue sólo un juego e hizo llorar a sus contrincantes...

a Bill Gates, por carecer a veces del buen gusto del juego limpio

a George W. Bush, por su determinación por terminar la guerra de su padre sin que le importara...

y a los tipos que hacen funcionar la corporación para la que trabajo, quienes siempre están enfadados por algo

El arte de la guerra es de vital importancia para el Estado. Es una cuestión de vida o muerte, un camino hacia la seguridad o la perdición. Atente a las consecuencias si lo ignoras.

SUN TZU

Por supuesto, lo sabes..., ¡esto significa la guerra!

BUGS BUNNY a Elmer Fudd

Agradecimientos

Quiero agradecer a un puñado de personas que generaran en mí la hostilidad que ha hecho posible este libro.

Deseo dar las gracias al señor Danacus, mi profesor de gimnasia en cuarto, por llamarme «gordi» delante de Barbara Michels mientras patinaba en la Liga Atlética de la policía un viernes por la tarde, hace ya mucho tiempo. Si ahora lo viera muerto en la calle patearía su cuerpo inerte.

Deseo dar las gracias a Jerry Wise por reírse de mis pantalones tejanos en sexto. ¿Cómo iba a saber yo que todo el mundo se había pasado a los chinos?

Deseo dar las gracias a Alan Albert, mi primer jefe, por haber explotado a un grupo de necesitados actores a los que les pagaba un sueldo de 85 dólares a la semana mientras él se embolsaba grandes sumas por los «talleres educacionales» que el gobierno federal suponía que nosotros impartíamos.

Deseo dar las gracias a Dan, mi primer presidente de un consejo de administración, por haber promocionado a Linda, una señoritinga llorona que se desmoronaba tan pronto cerraba la puerta de su despacho, por encima de mí, que era quien en realidad hacía funcionar el departamento. Este hecho generó en mí un odio y un cinismo tan puros e incandescentes que aún hoy fantaseo con la idea de introducirle los dedos en los ojos como Moe solía hacer con Curly.

A Doug, el que fue cabeza visible de mi empresa, ahora fenecida. Se deshizo de nosotros para aumentar el valor de sus *stock options*, echó a todos mis amigos a la calle y paralizó nuestra empresa, que ya nunca se recuperaría de sus andanzas. Menudo pajarraco. ¡Hola, Doug!

De hecho, deseo dar las gracias a todos aquellos cuya estupidez, codicia y arrogancia los ha llevado a creer que valía la pena enfrentarse a mí.

Tuvieron lo suyo.

Sun Tzu, un blandengue para los tiempos que corren

> Sin embargo, obtener cien victorias en cien batallas no es cuestión de habilidad. Lo más hábil es someter militarmente al otro sin tener la necesidad de batallar.
>
> SUN TZU

> La guerra no es noticia.
>
> BARBARA BUSH

Hace miles de años, en China, o lo que entonces estaba destinado a ser China, vivía un tipo llamado Sun Tzu. Al igual que Nicolás Maquiavelo, Walt Rostow y Paul Wolfowitz, no gobernaba el mundo; sólo aconsejaba a quienes lo hacían. Es de suponer que aquellos a quienes aconsejaba hacían mejor las cosas que aquellos otros a los que no aconsejaba, aunque resulta difícil asegurarlo porque todos ellos están muertos.

Su leyenda creció de una generación a otra de sangrientos generales, hasta que fue más famoso que los hombres a los que sirvió, seguramente porque su nombre era más fácil de recordar y porque, por lo general, son los escritores los que tienen la última palabra.

Sun Tzu escribía sobre la guerra. Sobre cómo hacerla, cómo ganarla, cómo conseguir que murieran los demás y no tú. Esto último de no morir tenía su importancia para los jefes militares de entonces, como la tiene para sus homólogos actuales, tanto los que visten uniforme como traje y corbata.

Los escritos de Sun Tzu eran tremendamente poéticos y profundos, pero alguien debió de comprenderlos, porque se difundieron con cariño a lo largo de los años entre aquellos para quienes matar era una forma de vivir. Hoy se enseñan en la academia militar de West Point y se venden, en distintos formatos, en las librerías de los aeropuertos a ejecutivos de publicidad y marketing e incluso a los de recursos humanos.

¿Por qué resulta tan atractivo Sun Tzu? Es un misterio, porque sus enseñanzas son tan fáciles de comprender como uno de esos manuales de instrucciones que acompañan cualquier producto fabricado en la Europa del Este. He aquí un ejemplo:

> Cuando el enemigo está cerca y se muestra inactivo es que confía en lo abrupto del terreno. Cuando el enemigo está lejos y provoca las hostilidades lo que desea es que el otro avance, porque ocupa el llano y tiene ventaja.

Hay muchas sentencias como ésta en ese libro que ha llegado a nosotros bajo el título de *El arte de la guerra*, aunque todo ello viene a decirnos que el emperador para el que trabajó Sun Tzu estaba en la inopia. Claro que otro tanto ocurría con un montón de emperadores. Y por muy pocos recursos que tuviera cualquier general, lo cierto es que tenía que defenderse.

No es que Sun Tzu estuviera equivocado. Lo que ocurre es que las cosas ya no son como en tiempos de Tzu. Su estrategia tal vez fuera buena cuando tenías a un montón de tipos con petos de bambú en marcha por la montaña, a la espera de la mejor oportunidad para lanzarse ladera abajo y conquistar la posición más favorable para la siguiente ronda de enfrentamientos. Yo no sé si alguien se verá ahora en esta situación, pero yo no he tenido que enfrentarme a nada parecido desde finales del decenio de 1990.

Mi pelea es en el mundo real, e imagino que la tuya también, lector. Nosotros en realidad no tenemos ejércitos propiamente dichos. Claro, no luchamos solos, pero ¿podemos hablar de ejércitos? No, por desgracia. No tenemos terrenos que defender, a no ser que redefinamos la palabra terreno. Podríamos hacerlo, pero no Sun Tzu. Porque era un blando.

Ya sé que tal vez suene un poco duro. No digo que lo sea. Es muy posible que todas estas cosas de las que habla realmente funcionaran: la remilgada dependencia de la estrategia y de las profundas meditaciones filosóficas, la cuidada determinación del dónde, el cuándo y el cómo golpear y esa visión hagiográfica y minuciosamente jerarquizada del gobernante.

Pero en el mundo en el que nosotros vivimos no resultan demasiado prácticas afirmaciones como éstas:

La shuai-jan es una serpiente de los montes Chung.
Golpéala en la cabeza y te atacará con la cola.
Golpéala en la cola y te atacará con la cabeza.
Golpéala en el centro de su cuerpo y te atacará tanto con
  la cabeza como con la cola.

¿Sabéis qué? Que esto es demasiado inescrutable para mí. Cuando pienso en términos de guerra no me gusta andarme por las ramas. Me gusta remangarme la camisa y atarme la corbata a la cabeza. Sé que probablemente mi adversario hará lo mismo. Y si no lo hace, debería. Porque voy a por todas.

Por supuesto, el maestro Tzu tiene muchas cosas que decir acerca de la guerra, y nosotros podemos escucharlas y tenerlas en cuenta. Por ejemplo, es mejor no llegar a las manos, a no ser que estés absolutamente convencido de que vas a ganar. Esto es importante. ¿Quién pondría objeciones a algo así? La cuestión es que en un montón de ocasiones en las que he tenido que pelear no había manera de saber si iba a ganar. Así están las cosas.

Por otra parte tenemos esa idea tan extendida de que el verdadero genio militar es aquel capaz de ganar una batalla sin disparar ni un tiro. Que es como decir que un general dispone de una estrategia tan buena que su oponente se viene abajo ante la ausencia de esa ventaja. En realidad, jamás he visto que algo así ocurriera, aunque sí es cierto que si quieres tener alguna oportunidad de ganar debes disponer de alguna estrategia. Pero esa excesiva dependencia de la estrategia hace que Sun Tzu se nos muestre como una galleta reblandecida, un auténtico blandengue, en este punto de la historia del mundo. De nuestro mundo, al menos. Estoy convencido de que en esos tiempos en que sólo había quinientos millones de chinos se le consideraba a lo largo y ancho del país como un enemigo terrible, como un oponente que despertaba pavor. Pero ¿ahora? Ni hablar.

Podemos hacerlo mejor. Debemos hacerlo mejor.

Por último, Sun Tzu utilizaba mucho el Tao y otras disciplinas espirituales parecidas, lo cual, francamente, a mí me resulta ofensivo cuando se está hablando de la guerra, de matar y combatir. Por lo que a mí respecta, prefiero que se imponga el buen gusto y dejaré fuera el Tao, ¿de acuerdo? ¿Sangre? ¿Vísceras? ¿Heridas abiertas y odio animal? Claro. Pero ¿Tao? Vamos, hombre...

Cualquiera que haya visto cómo le quitan a uno la tarjeta de crédito de la empresa después de veinte años de servicio os dirá que esta historia nada tiene que ver ni remotamente con el Tao. Y en el restaurante, cuando llegue la cuenta tendrá que irse al lavabo de caballeros para no tener que soltar la pasta. Esto es una derrota en toda regla.

¿Y de ahí? El auténtico arte de la guerra ya no procede de ninguna manera de Oriente. Ya no. Procede de la más grande nación del mundo, de la última superpotencia del planeta.

La guerra es violenta, pavorosa, pero también la manera más rápida de conquistar y mantener territorio y, con un poco de suerte, de mantenerse vivo a lo largo del tiempo. Los tipos sabios y cultos que se han embebido de la filosofía de Sun Tzu al punto de evitar la confrontación son aquellos que sirven las bebidas a quienes están dispuestos a sacar los ojos a cualquiera si es necesario. El Tao te hace servil. Las guerras van de odios. No te metes en una guerra si no estás dispuesto a matar al otro.

No se trata de cómo deberían ser las cosas ni de cómo nos gustaría que fueran. Son así, sencillamente. Será bueno que quienes quieran sobrevivir en estos tiempos difíciles sepan iniciar una guerra para ganarla, que estén dispuestos a avanzar por el campo de batalla con el olor a sudor y a Coca-Cola *light* en las fosas nasales y a ver las lágrimas de hombres hechos y derechos caer sobre sus zapatos.

Este libro pretende trascender todo este batiburrillo oriental y mostrarte, malhumorado occidental, cómo hacer la guerra y disfrutar del botín. Y todo ello tendrá lugar en el mundo real, es decir, no en un campo de batalla marcial ni en unas maniobras ni en playas de desembarco. La batalla que vamos a disputar se desarrolla en la más dura de las trincheras: en nuestro puesto de trabajo.

Vivimos en un mundo en el que quien no patea, engaña y sacude —y lo hace con garbo y con estilo, añadiría— es el último en levantarse de la mesa y debe hacerse cargo de la cuenta, mientras los demás se van al siguiente club de moda.

Examinaremos cómo planificar y ejecutar batallas que perjudiquen mucho a los demás (y que no te afecten a ti) y cómo enarbolar tu bandera y la de tus amigos, si es que tienes alguna. Aunque, si estás a punto de entrar en guerra, será mejor que dispongas de un montón de ellas. Las necesitarás.

Pero no me malinterpretes por todo lo dicho acerca de la estrategia blandengue. La estrategia es fenomenal... en la medida en que funcione. Tendremos en cuenta todas y cada una de sus facetas, desde la llamada a filas a la intendencia, desde la organización a la conspiración, de las intrigas a los alborotos, a los destrozos, incluso hablaremos de la obtención del botín.

Por supuesto, la obtención del botín es importante. No vale la pena librar una batalla sin una recompensa. Pero hay un país de violencia y gloria mucho más allá de ese árido deambular estratégico por valles y colinas que caracterizaba al antiguo arte de la guerra. Se trataba de actuar con emoción. Luchar incluso cuando no ves el final de la lucha. Vivir la vida del guerrero, que en cualquier momento puede extinguirse, y divertirte mientras estás en liza.

Por otra parte, las enseñanzas del maestro Tzu no son del todo inútiles. Tal vez, sobre la marcha, podamos atisbar algo de la sabiduría del anciano si lo asimos por el escroto, lo volteamos, lo sacudimos con rotundidad y observamos qué aparece en su blandengue pijama de seda.

Lo único que necesitas es una guerra

> Sólo quien conoce a fondo los males de la
> guerra está en condiciones de salir victorioso.
>
> SUN TZU

> Peor aún, la paga es mala.
>
> BURT REYNOLDS

¿Qué es la guerra? No es una pregunta tan sencilla como parece.

Cuando el jefe te grita en un arrebato y sin motivo aparente, ¿es eso guerra? ¿Declararás la guerra sólo porque te han pegado un par de gritos?

Ni hablar. Si entraras en guerra cada vez que un capullo te grita, a estas alturas ya estarías muerto. Por estúpido.

Cuando tú y un compañero discutís acerca de la mejor manera de hacer algo, ¿declararás la guerra tan sólo porque él, o ella, discrepa de ti, aunque sea en público?

Tal vez si trabajas para General Electric. Pero como norma sería una desgracia. Siempre habrá desacuerdos, incluso entre amigos, pero poco sentido tendría la vida si convertimos cada pequeño enfrentamiento en una escaramuza de una batalla en el contexto de una guerra que duraría toda nuestra carrera profesional.

Hay quien encara cualquier interacción entre seres humanos como una acción militar que puede llegar a un enfrentamiento y a un hermoso y satisfactorio conflicto. Estas personas tienen un nombre: idiotas.

¿Se puede hablar de guerra cuando tu compañero, a tus espaldas, llega a un acuerdo con vuestro jefe y te hace quedar como un burro, como un despojo?

Bueno, ya nos vamos acercando.

¿Y cuando el jefe se siente tan complacido que invita a tu compañero a comer y le deja pagar a él y a ti no te invita? Sí. Entonces es la guerra, de acuerdo. El cerdo debe morir. Pero, cuidado, no el jefe cerdo. El jefe cerdo es tu comandante, a cuyas órdenes sirves para lo bueno y para lo malo. Pero el otro cerdo sí, ese capón merece que lo claven y lo aten al espetón, que lo asen y lo sirvan con una manzana en la boca.

Pero ¿cómo? ¿Cómo aplicar el arte de la guerra en el mundo real en el que nos toca vivir día a día porque no tenemos otro remedio?

¿Deberíamos hacer en silencio un ejercicio de introspección y búsqueda profunda de nuestros puntos fuertes y nuestros puntos débiles en nuestras almas, dondequiera que estén? Sí, claro, podemos hacerlo.

¿Estudiar el terreno para encontrar las posiciones favorables y las desfavorables y adecuar nuestra respuesta a estas circunstancias? Por supuesto. ¿Por qué no?

¿Agrupar nuestras tropas? ¿Entrenarlas? ¿Educarlas? ¿Atiborrarlas de música y danzas? ¿Equiparlas con el material de guerra apropiado? ¿Establecer las líneas del frente? Sin lugar a dudas.

Mientras tanto, mientras todas estas cosas se ponen en marcha, ¿por qué no hacemos como los vikingos y nos lanzamos hacia el tipejo en cuestión y le atizamos en la cabeza con una porra en cuyo extremo habremos puesto algunos clavos? Las sagas islandesas están llenas de acciones como éstas. Tipos que golpean cabezas y las observan mientras echan a rodar, como en un juego de bolos, hacia un lago. Proporciona mucha satisfacción.

Por supuesto, no es posible dedicarse todos los días a golpear a la gente en la cabeza y echarla al lago a la menor provocación, por muy agradable que sea oír el chapoteo cuando llega al agua. Es preciso contar con un abanico de opciones y enfoques. Al fin y al cabo hay guerras para todos los gustos.

Aquí tienes algunos tipos de guerras que tal vez encuentres en tu carrera profesional:

- **Guerra de tú a tú**. Tú y otro tipo cara a cara. Tú deseas ganar. Eres el general, el ejército, la marina, la legión y el espionaje. Sois tú y él. Sólo uno de los dos sobrevivirá.
- **Guerra de alcance medio**. Tu departamento está siendo atacado por alguna consultoría acostumbrada a introducir másters de Harvard en una organización, como las termitas ponen huevos en las vigas de una casa vieja. La consultoría cuenta con el apoyo de la dirección y de la Bolsa, que siempre disfrutan con algo de destrucción entre los mandos medios de una empresa.
- **Conflagración total**. Donald Trump desea el solar en el que está ubicada vuestra empresa. Microsoft quiere hacerse con vuestro negocio para sacarle todo el jugo. El *Wall Street Journal* ha decidido que deberíais ser los siguientes en sufrir las nuevas auditorías de la ley antifraude. No importa, todo el Estado está en pie de guerra. Como dijo Benjamin Franklin cuando firmó la declaración de la Independencia, o nos mantenemos unidos o nos colgarán por separado.
- **Guerra de guerrillas**. Francotiradores a tu izquierda, espías a la derecha. Es difícil distinguir entre amigos y enemigos. Hace tanto tiempo que contáis víctimas que, de hecho, es difícil recordar por qué la gente de Ventas quiere matar a todos los de Marketing. Aún no se ha destruido a

suficiente gente en este conflicto cotidiano para enarbolar la bandera blanca o buscar un tratado, y parece que la paz nunca llegará.

- **Asedio.** Tú y los tuyos necesitáis más dinero para terminar vuestro trabajo. Pero en Presupuestos abogan por la congelación del gasto interno. Nadie os niega los fondos. Nadie os los da. Y el tiempo pasa. Empiezas a sentir que ese ambiente helado te congela las manos, y tus colaboradores sufren por la exposición a esas bajas temperaturas. Algo tiene que suceder... y pronto.
- **La gran guerra.** El presidente del consejo de administración ha decidido que la única manera de aumentar el precio de las acciones es una fusión con vuestro competidor más cercano. Una guerra devastadora y terrible en la que los seres humanos son prescindibles. Ellos tienen la bomba atómica. Vosotros, bombas sucias en forma de buenas relaciones con periodistas de los medios económicos. Los ejércitos toman posiciones en el campo de batalla. En poco tiempo se huele el hedor del humo del tabaco y se oye el susurro de plumas de 600 euros al desplazarse por el papel. No hay futuro, no hay pasado, no hay un mañana. Sólo hay sangre, salivazos y dolor.

¿Dramático? Seguramente. ¿Habitual? No lo dudes. En los días que corren la guerra es tan inevitable como que te cobren treinta euros por una tortilla a la francesa.

¿Y tú? Tú estás al servicio de alguna clase de general. Su comportamiento como tal será determinante. Y eso tal vez represente un problema si, al igual que Tzu, eres un blandengue. Porque si algo hay de cierto con relación a los generales es que no hay demasiados que sean demasiado buenos. Pretenderán que te sacrifiques... y mucho antes de que ellos tengan que hacerlo. Se encuentran sometidos a una gran presión. Durante mucho tiempo, demasiado. ¿Puedes confiar tu vida y tu futuro a gente así?

Piensa en estas palabras del antiguo jefe del ejército de Estados Unidos:

> Siempre me han interesado los informes que explican que algo no ha sucedido, porque, como todos sabemos, hay hechos conocidos que conocemos, igual que hay cosas que sabemos que sabemos. También sabemos que hay cosas que se saben y que nosotros no sabemos. Es decir, sabemos que hay ciertas cosas que no sabemos. Pero también hay cosas que desconocemos que no sabemos: aquello que no sabemos, no lo sabemos.
>
> DONALD RUMSFELD
> Ex Secretario de Defensa de Estados Unidos

De acuerdo. ¿Sabéis qué? Por lo que a mí respecta, es mucho mejor tener claro que debemos evitar ponernos en manos de terceros, por muy capacitados que estén, por muy leales que sean o por muchas influencias que tengan. Porque, nos guste o no, si están donde están es por ellos mismos. ¿Y vosotros? Estáis donde estáis por vosotros. Se trata de una contradicción elemental que en tiempo de paz es tolerable, pero que resulta letal cuando empiezan a volar las balas y a caer la metralla.

Así que yo y vosotros, queridos amigos, seremos nuestros propios generales en una campaña para conquistar la abundancia, la salud y la cordura; lucharemos nuestras propias batallas, no las de terceros.

El auténtico arte de la guerra

PRIMERA PARTE

Prepara tu «yo» malo

El general es el guardián del Estado. Si es fuerte, el Estado está a salvo. Si no lo es, el Estado se desmoronará.

Sun Tzu

¿Qué estás mirando, Willis?

Gary Coleman

Más allá del yin y el yang: el secreto del yinyang

El destino es yin y yang. Es hielo y es fuego. Es invierno y primavera, verano y otoño, y de nuevo invierno. Ve con él. Ve contra él. Ésta es la victoria.

Sun Tzu

No puedes ganar si no juegas.

Aforismo del póquer

La guerra es el infierno. La guerra es la gloria. Debes ser capaz de soportar pequeñas pérdidas entre victoria y victoria. ¿Debe gustarte? No. ¿Debes evitarla? Sólo si eres un perdedor.

En la batalla la actitud lo es todo. A los auténticos guerreros se los conoce porque odian perder mucho más de lo que aman ganar. Es algo que los vuelve locos. A veces, por supuesto, el odio que sienten cuando se dan cuenta de que han elegido el bando equivocado los mueve a hacer locuras. Por eso vale la pena tomarse las cosas con calma antes de meterse en berenjenales.

No me gusta meterme con Martha Stewart, ya sabéis, la famosa de la televisión que se vio involucrada en un escándalo de venta de acciones en Estados Unidos. Y no me gusta hacerlo porque, al fin y al cabo, ella es como una pequeña lagartija que ha sido tratada con extrema dureza en comparación con esos enormes sapos grises cuyos crímenes superan de largo los que cometió ella y que ahora se dedican a escribir libros en alguna parte mientras esperan que la revista *Forbes* publique un artículo retrospectivo que les sea favorable.

Pero Martha tuvo la oportunidad, justo cuando empezaba su pesadilla, de admitir que había metido la pata, que había actuado de manera censurable por tratarse de un genio, de alguien con experiencia en el mercado de valores, y aceptar la reprimenda que los buenos y complacientes agentes federales tuvieran a bien imponerle. Y a continuación, más triste y más rica también, seguir adelante.

Hizo lo contrario. Fue incapaz de aceptar su derrota ante la prensa, el departamento de Justicia y la opinión pública y debió resignarse a un mundo de dolor y, lo que es peor, a perder un montón de dinero en su anhelo de perfección.

Esto es demasiado yang.

La versión opuesta la tenemos en el caso de Jerry Levin, presidente ejecutivo de Time Warner, con mucho el más claro representante de la filosofía Tzu de las últimas décadas. Este pequeño guerrero era tan estratégico que empeñó el 60 por ciento del valor de su compañía en la fusión con AOL. Vamos, hombre, era tanto como decirles a los toscos muchachos de Internet, incapaces de crear una infraestructura empresarial decente, tomadnos, somos vuestros. Dio por sentada su posición. Y a su orgulloso imperio le costó años reparar los daños causados por su inteligencia, su visión y ese puro yin sin adulterar.

Los yang jamás dejan su espada hasta que la muerte decide a quién se va a llevar.

Los yin confían en que el oponente morirá de un ataque al corazón mientras intenta apuñalarte.

Mientras te preparas para la eterna lucha en que se convierte la vida del guerrero deberás cultivar tanto lo uno como lo otro, y no lo uno después de lo otro, sino al mismo tiempo. Tendrás que ponerte en contacto con estos dos aspectos de ti y conseguir que se fusionen para asumir la actitud del guerrero, que reúne fortaleza y flexibilidad, agresividad y estrategia, odio y capacidad de contención para establecer un acuerdo y dejar la lucha para otro día. Demasiado yang te hace estúpido. Demasiado yin te hace un blandengue.

Lo que necesitas es una combinación de estos dos aspectos. Necesitas yinyang.

El yinyang es el punto en el que la voluntad irracional de poder converge de forma sinuosa con la buena voluntad de ser razonable. Esta combinación se manifiesta de distintas maneras y es determinante para el éxito en la guerra.

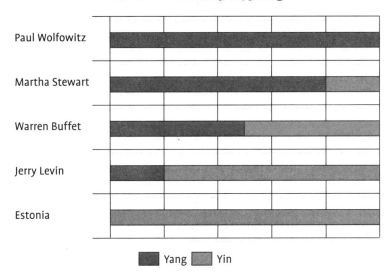

Combinaciones de yin/yang

Demasiado yang te llevará a hacer la guerra a Irak. Tienes una idea en la cabeza y nadie será capaz de hacerte cambiar de opinión. Es algo que ocurre constantemente con los ejecutivos. Tal vez trabajes para uno de ellos. Si es así ya sabrás de qué estoy hablando, de esa clase de tipos que afirman que el coche jamás sustituirá al caballo, que la televisión por cable es una moda pasajera, que es una buena idea construir una central nuclear en la falla geológica más grande de Estados Unidos o en el extremo oriental de Long Island, un lugar en el que los fines de semana tienes que pasarte dos horas en la carretera para ir a comprar un pastel de arándanos (¿tendrán esto en cuenta cuando elaboren los planes de evacuación?). No hay manera. Demasiado yang.

A continuación nos encontramos con aquellos ejecutivos que sufren de un pequeño exceso de testosterona que ya resulta perjudicial. Tal vez seas uno de ellos. Puede que a éstos al principio les vayan bien las cosas, pero a la larga perderán la partida que ellos mismos han decidido jugar.

En el extremo opuesto de la gráfica, justo después de Time Warner, tenemos a Estonia, una nación que ha sido tomada por todo aquel ejército invasor que pasó por allí desde que se inventó la cerveza.

Y justo en medio tenemos a Warren Buffet, la combinación perfecta de yin y yang, la apoteosis del yinyang.

El yinyang nunca se conformará con la derrota. Pero tampoco será tan orgulloso como para desoír la voz de la razón.

Yinyang significa que frente al sí no hay un no. Que frente al no, no hay un sí. Que sólo hay aquello por lo que luchas. Pero que si aparece un quizá... no hay que ser tan rígido como para no prestarle atención.

El yinyang es poder. Es dinero. Es más que dinero y poder. Es vencer. La sensación de vencer surge de tu interior hacia el exterior de ti y hace que te despeines, si no eres calvo, y si lo eres se te despeinará el recuerdo de tu cabellera.

Pero yinyang también es saber esperar, aguardar pacientemente a que la victoria llegue.

Es integridad, seguridad, capacidad de ser odioso. Ésa es la actitud del guerrero. Más allá del yin. Más allá del yang. Es la vieja escuela.

Es el yinyang.

Hazte con él.

¿Eres digno de morir por algo?
(Espero que no)

El general debe ser digno de confianza,
valiente, estricto y sabio.

Sun Tzu

La expresión Inteligencia Militar es una
contradicción.

Groucho Marx

Con relación a Enron asistimos a una interesante interpretación de la ley del más fuerte, como resulta evidente ahora al observar la secuencia de los hechos. Así vemos cómo distintos intérpretes bien trajeados son investigados y acusados, cómo se los detiene de una manera vergonzosa y se los manda a prisión, donde delatan a sus ex amigos y socios. Allí todos y cada uno de ellos se hunden, alcanzados por la granada que tendría que haber acabado antes con el gran jefazo que los mandaba.

La gente dice que Ken Lay era una idiota que no sabía lo que ocurría, un loco inocente que jugueteaba con su portafolios mientras Roma le prometía unos fabulosos beneficios por su inversión.

Sí, tal vez sea «cierto» que no «supiera» lo que «ocurría» con las «prácticas contables» de su compañía. Y sí, era un mentiroso y un sinvergüenza, esa clase de personas que hacen que a veces te preguntes si en verdad hay una mano que gobierna el universo y, si la hay, qué estaría pensando de todo aquello.

Pero como general Ken Lay tiene todo lo que Sun Tzu podría desear. ¡Mirad cuánta gente está dispuesta a morir por él! Y ni mucho menos como él.

¿Cuáles son las cualidades de un líder que hacen que la gente desee morir en lugar de él o de ella?

Es una cuestión importante, porque si pretendes ganar esta guerra necesitarás contar con muchos apoyos. Al principio estarás solo. En las primeras fases tu tarea consistirá en pensar cómo atraer adeptos que estén dispuestos a sacrificarse para que tú no tengas que hacerlo.

Supongo que antes formarías parte del ejército de algún otro. Eso está bien, es buena cosa. Alguien tenía que pagar la cuenta de la comida. Pero ahora las cosas son diferentes.

De ahora en adelante, amigo mío, ya no formas parte de las huestes de nadie, te has alistado en tu propio ejército. Tú eres tu propio ejército. Así que ya no deseas morir por nadie, por muy importante y seductor que sea. ¿No es un alivio?

Sun Tzu dijo:

Gracias al Tao la gente tiene el mismo propósito que su jefe. Así morirán con él, vivirán con él y no lo decepcionarán...

El mismo propósito que el jefe, de acuerdo...
A ver, vamos a pensarlo un momento.
Cuando yo era joven trabajé para una buena empresa,

muy bien dirigida por gente muy maja que sabía qué se llevaba entre manos. Había un montón de afecto y todos ganábamos mucho dinero. Hubiéramos andado sobre brasas por Harold, el presidente del consejo, y por Carl, el presidente ejecutivo. Hasta que decidieron vender la empresa y aquello de andar sobre el fuego se hizo realidad. Los altos directivos hicieron lo correcto, porque tenían un propósito: salir de allí con un carromato repleto de dinero en metálico. Los mandos intermedios lo hicieron bastante peor, porque su propósito era otro: proteger el carromato de dinero de los altos ejecutivos hasta las afueras de la ciudad.

Todos conocemos alguna historia parecida a ésta, y reconocemos que es para volverse locos. Y aun así cada día hacemos cola para dejar nuestras vidas en manos de nuestros líderes. ¿Por qué? ¿Por qué si en el fondo sabemos que acabaremos llorando, y no por ellos, sino por nosotros?

¿Por miedo? Es posible. Pero no suficiente. Por codicia. Sí. Pero no al punto de morir, en realidad. Muy poca gente está dispuesta a morir por codicia. ¿Qué más puede haber?

Amor, por supuesto.

Conseguir que la gente te quiera. Primera parte: ámate a ti mismo

> El tamaño del perro no es necesariamente lo más importante para una pelea, sino el tamaño de la pelea para un perro.
>
> DWIGHT D. EISENHOWER

Tal vez te parezca una locura, pero te propongo que dediques un poco de tiempo a pensarlo: antes de que pidas a otros que mueran por ti tienes que ser capaz de morir por ti mismo. Por el concepto superior de ti. Cuando Marco Antonio cayó rendido a los pies de Cleopatra sabía que con él estaba rindiendo también el poder de Roma. No le importaba. Sabía que el hombre conocido como Marco Antonio ya no podría presentarse de nuevo en el Foro con su túnica nunca más. Tenía otras cosas que hacer. Es decir, murió por sí mismo, por el concepto que tenía de sí mismo.

Más recientemente, Howard Dean, ex gobernador del pequeño Estado de Vermont, cautivó la imaginación nacional al presentarse como alternativa a los rancios políticos que habían conseguido que la juventud americana, y buena parte de los adultos, pasaran de la política durante décadas. Se veía a sí mismo como un hombre que además de verdad aportaba pasión, lo cual era más grave.

Cuando, de manera inesperada, perdió en Iowa, quiso mostrar a sus seguidores que aún conservaba la pasión.

Aceptó la derrota, anunció su intención de seguir adelante y pronunció un discurso que llegó a conocerse como «Tengo un grito» (*I have a scream*, que recordaba el *I have a dream* de Martin Luther King), una observación que resultaba tan graciosa que supuso su exclusión de la carrera electoral. A nadie le gusta ver a un jefe ejecutivo berreando como un niño. Pero al dar carpetazo a su propia candidatura, Dean fue fiel al hombre que al empezar había tenido la visión de ser un contendiente. Murió por él mismo. Y a pesar de aquel grito, se marchó con el respeto y el afecto de muchos que entendían la política como algo auténtico e importante y no como algo trivial, bochornoso y repulsivo.

¿Estás dispuesto a morir por ti mismo? Si es así, tienes que ser capaz de dar el primer paso para desarrollar esta capacidad: debes estar dispuesto a vivir por ti mismo.

Es un compromiso mucho mayor de lo que parece, pero en él se basan todos aquellos que inspiran la clase de devoción que buscas en los demás. Y es difícil. A mucha gente le gusta vivir para los demás, al menos un poco. Pero si quieres ser un verdadero guerrero de los negocios, tú no puedes hacerlo.

Compromisos clave
para vivir por ti mismo

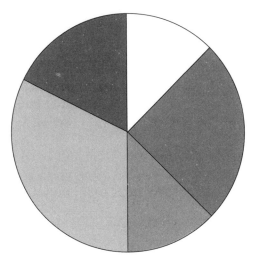

- ☐ Comer bien
- Tomar buenas bebidas
- Mostrarte enojado siempre
- Obsesionarte con salirte con la tuya
- Utilizar a los demás

Cuando seas capaz de generar un nivel enfermizo de interés por ti mismo que suponga excluir todo lo demás, y lo hagas sin despertarte a medianoche bañado en sudor frío, estarás preparado para pedir a los demás un amor suicida hacia ti en el mundo de los negocios.

¿Lo tienes? Bien.

Conseguir que la gente te quiera. Segunda parte: hola, mamá; hola, papá

> Reparte alabanzas y puntapiés en la misma proporción. Cualquier cosa que construyas sin equilibrio finalmente caerá.
>
> SUN TZU

> Nunca me llamas, nunca me escribes.
>
> TU MADRE

¿Te has parado alguna vez a pensar hasta qué punto un jefe es la réplica reducida y deformada de la figura de autoridad, los padres, de cada cual? Deja que te dé algunos indicios:

- Nos proporcionan el pan, es decir, los cheques y las pequeñas cosas que mejoran nuestro estilo de vida.
- Nos exigen que trabajemos según unos términos relativamente coherentes, la mayoría de las veces cuando a nosotros nos gustaría hacer otras cosas.
- Nos piden amor o, en algunos casos, una alternancia de sentimientos de amor y odio.
- Tienden a mostrarse atentos algunas veces y distraídos otras.
- Nunca se equivocan, incluso cuando resulta obvio que sí se han equivocado.

• Son capaces de que te sientas culpable cuando no has hecho nada malo.

• Muestran con orgullo sus contradicciones cuando se trata de alcanzar objetivos que, por decir poco, no están bien definidos y como mucho son inexplicables.

• Les cuesta odiarnos, perdonan con facilidad...

No, espera un poco. Ése es Dios. Aún no hemos llegado tan lejos. Excepto si hablamos de la cadena de supermercados Wal-Mart, en la que Dios encarnado en Sam Walton quizás haya muerto, pero cuenta tanto como cuando estaba vivo. O de Corea del Norte, país en el que Dios lleva un peinado realmente divertido.

Sun Tzu enseñó que lo mejor para manejar a la gente era contar con una visión racional y estratégica. Tal vez tenía razón en el caso de un remoto rincón del mundo en el que durante cincuenta años del siglo XX la gente se vistió con pijamas idénticos. Pero aquí, en la mitad occidental de Pangea, el orden y la racionalidad han cedido ante el amor y el odio, la pasión y la avidez, ante la ambición, la manipulación, la culpa, la vergüenza y alguna que otra expresión de alegría. En pocas palabras, la familia.

Los psiquiatras lo denominan «transferencia». Es el proceso mediante el cual las emociones y los deseos asociados en su origen a determinada persona, como el padre o la madre, el hermano o la hermana, se dirigen inconscientemente hacia otra persona, por lo general alguna figura de autoridad.

Piensa qué sientes acerca de las personas para las que trabajas. ¿Los amas? ¿Los odias? ¿Sientes resentimiento? ¿Quieres conseguir algo de ellas? ¿Te turba de manera irracional que te elogien por algo que carece de importancia? ¿Supone para ti un jarro de agua fría que eviten saludarte cuando os encontráis en el ascensor? ¿Estás celoso del tipo de recepción porque su nombre aparece en una placa sobre su mesa?

Estás transfiriendo tus emociones personales más profundas a tu trabajo. Y no sólo es algo natural, también es inevitable.

Ahora haz que la gente sienta lo mismo por ti siguiendo estos pasos de inmediato.

1. Sé benévolo cuando puedas.
2. Enfádate cuando puedas.
3. Exige que se trabaje mucho. La gente espera de sus padres que les den tareas por hacer.
4. No te prodigues en elogios si quieres que signifiquen algo. Cuando alabas demasiado a los demás se creen que les estás haciendo la pelota, y sólo los peores padres se dedican a enjabonar a sus hijos.
5. Castiga a tus colaboradores con los correctivos típicos de los padres, que no sean profesionales. Por ejemplo, da un par de gritos, échalos a patadas de tu despacho cuando hagan algo que te disguste y añade una campaña de silencio que dure un par de días. Al final de estos correctivos desearán morir por ti.

Y como cualquier otra figura de autoridad merecedora de respeto, obediencia y muerte, de vez en cuando escúchalos, pero no demasiado. En realidad, ¿qué padre presta atención a sus hijos?

Si sigues estos preceptos, incluso aquellos a quienes

no les pidas que te honren y te obedezcan empezarán a sentir la necesidad de hacerlo. Como decían siempre nuestras madres: «Si no lo pides, no lo tendrás.» De modo que pide todo aquello que un padre irracional podría pedir y, de manera inexplicable, empezarás a reunir a un grupo de gente necesitada que buscará en ti aprobación, guía y, lo más importante: órdenes que cumplir.

Éste es un paso adelante hacia tu primera necesidad profesional: crear un ejército.

Sigue siendo agresivo

Jódete, idiota.

Arnold Schwarzenegger

Arnold Schwarzenegger es el gobernador de California. Aunque vivas en California y le hayas votado, ¿no te sientes a veces un poco raro?

Arnold Schwarzenegger es el gobernador de California. De algún modo, se trata de un salto cosmológico más importante que el que llevó a Jesse Ventura a ser gobernador de Minnesota, aunque supongo que por entonces también resultó alucinante. Jesse participó en un montón de películas de Arnold y moría de manera conmovedora en *Depredador,* donde recibía el cohete de un alienígena en el abdomen. Poco después fue elegido gobernador. ¿Creéis que eso hizo pensar a Arnold?

Bien, ahora no me digáis que eligieron a Arnold porque sus propuestas políticas fueran visionarias. Quero decir que tal vez sí lo fueran, pero no lo eligieron por eso.

No, Arnold Schwarzenegger es el gobernador de California porque convenció a los ciudadanos de este Estado de que era lo suficientemente agresivo para hacer lo que quería hacer. No estamos hablando del simpático, sorprendentemente inteligente e ingenioso austríaco hedonista que dice cosas como éstas: «Creo que el matrimonio gay debería celebrarse entre un hombre y una mujer» o «El dinero no te hace más feliz. Ahora tengo cincuenta millones de dólares y no soy más feliz que cuando tenía cuarenta y nueve».

No, estamos hablando de otro Arnold. De aquel que se sacó un ojo, lo limpió y se lo volvió a colocar en *Terminator*. De aquel que mató a 10.000 personas, por decir algo, en *Comando* porque habían secuestrado a su hija... Quien en *Terminator 2* alzó al cielo un gran y musculoso pulgar en un gesto supremo de desafío y esperanza mientras su cuerpo se consumía en metal fundido. De este Arnold hablamos, del que prometió: «¡Volveré!» Y sabemos que lo hará, también, porque es demasiado mezquino para no hacerlo.

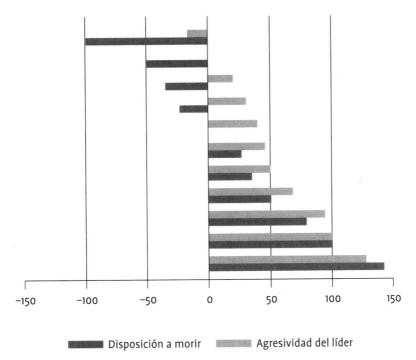

La gráfica de la página anterior muestra la relación que existe entra la disposición de la gente a batirse por sus superiores y la agresividad que muestran éstos, sean políticos, militares o jefes profesionales.

Es de destacar la relación directa entre la actitud agresiva y la irritabilidad del líder y su habilidad para procurarse la clase de respeto y miedo que dan lugar en los subordinados a la disposición a morir.

Tú eres la Estrella de la Fortuna de la gente

> El general es la Estrella de la Fortuna de la gente, maestro de su seguridad y su destino.
>
> SUN TZU

> La más vital cualidad que puede poseer un soldado es la autoconfianza, una confianza en sí mismo total, absoluta y manifiesta.
>
> GEORGE S. PATTON

Tiene que ver contigo.

Sun Tzu habla de la Estrella de la Fortuna de la gente, con lo cual, como casi siempre, hace que la gente se rasque la cabeza y se pregunte de qué está hablando.

Con todo, lo que quiere decir es muy sencillo: la guerra se gana o se pierde según la calidad del liderazgo. Y eso tiene que ver contigo, ¿de acuerdo? Tú, hermano y/o hermana. Vosotros sois la Estrella de la Fortuna de la gente.

No importa lo que digan los demás, vosotros, la Estrella de la Fortuna de la gente decidís cuándo entablar batalla. Y sois vosotros, la Estrella de la Fortuna de la gente, quienes decidís cuándo hacer un alto en medio del fragor de la batalla para ir a cenar. Incluso podéis llevaros a algunos de vuestros compañeros con vosotros. Vosotros sois quienes decidís quién debe vivir y quién morir, y la hora de su vida y de su muerte, en especial cuando ha llegado el momento de revisar el presupuesto.

Tú, lector, eres el general. Eres el ejército, el estratega, el luchador, el líder, el legislador, el engrudo y la grasa que consiguen que todo funcione.

¿Tiene que ver contigo?

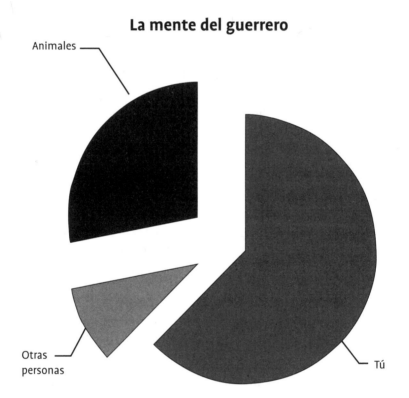

La mente del guerrero

Claro que sí. Tú eres la Estrella de la Fortuna de la gente.

Asume este magnífico hecho y los demás te seguirán hasta el fin del mundo, hasta la muerte y más allá.

Será mejor que lo hagan. Porque allí te diriges tú.

SEGUNDA PARTE

Reúne tu ejército

En las operaciones bélicas, cuando en el campo de batalla se disponen mil carros ligeros y otros tantos pesados, y cien mil soldados, con provisiones suficientes para mil *li*, y se tienen gastos en casa y en el frente, los de mantenimiento y los de los invitados, y otros más menudos como los de engrudo y laca, y sumas el dinero gastado en carros y armaduras, obtendrás una cifra que en total alcanzará las mil onzas de plata al día. Éste es el coste de poner en armas un ejército de cien mil hombres.

SUN TZU

La guerra nuclear realmente retrasaría la implantación del cable.

TED TURNER

¿Tú y qué ejército?

> Trata a tus soldados como si fueran tus queridos hijos y te seguirán a los valles más profundos. Considéralos tus hijos y morirán contigo.
>
> SUN TZU

> Las guerras nunca han hecho daño a nadie, salvo a la gente que muere.
>
> SALVADOR DALÍ

Supongamos, para seguir el hilo de esta cuestión, que eres una persona inteligente, enérgica y que tienes una buena visión, pero que todavía no cuentas con un ejército estable. Esta circunstancia limita tu capacidad para llevar a cabo una guerra en condiciones. Y si hay algo cierto a este respecto es que iniciar una guerra que no está madura equivale casi con seguridad a perderla.

Puedes actuar como un francotirador. Puedes hacer una labor de zapa. Puedes convertirte en una espina en el flanco de tu enemigo. Puedes luchar con valentía en pos de una muerte heroica y solitaria. Pero es imposible librar batalla y vencer en la guerra sin tropas. Por supuesto, hay distintas clases de ejércitos, que proporcionan resultados según sus capacidades:

Clase de ejército	Habilidades
Un par de colegas de distinto pelaje	Labores de inteligencia, pequeños asesinatos
Amigos, compañeros, algunos en puestos directivos clave	Guerra de guerrillas, infaustas luchas cuerpo a cuerpo, acciones en la retaguardia
Un equipo dedicado y leal, amigos íntimos, compañeros miedosos	Escaramuzas limitadas, asedios, batallas cortas y feroces
Modestas fuerzas de regulares entrenados, algunos directivos leales a tus intereses, espías baratos procedentes del otro campo que piensan que tal vez venzas y desean conservar su cargo	Una buena y contundente guerra durante un período considerable de tiempo
Un gran batallón de duros guerreros que comprenden tus objetivos y comparten tus intereses	Conquista de todos los adversarios, graves estragos en todo aquel que osa salirte al paso
Un directivo muy viejo e importante que te ha tomado bajo su protección	Destrucción de todos los enemigos, aunque es posible que en el proceso tú acabes como ellos

Como puedes ver, cada fuerza militar es capaz de hacer según qué cosas e incapaz de hacer otras. Por ejemplo, no puedes ir al encuentro del ejército británico en campo abierto equipado tan sólo con un par de mosquetes oxidados. Pero estos tiradores irregulares ocultos detrás de un arbusto pueden mover un imperio.

Ahora, para un momento y piensa qué es lo que tienes en este momento. A continuación, haz lo contrario de lo que hacen los pacifistas de todas partes durante toda su vida: visualiza la guerra.

¿Qué clase de fuerzas aspiras a tener? ¿A qué distancia te encuentras de alcanzar este objetivo? ¿Qué deberás hacer para empezar?

Conviértete en general

Entrena a tu gente. Disciplínala. Se some-
terán a ti.

Sun Tzu

¿Quieres lealtad? Cómprate un perro.

Mi Jefe

Tengo a mi cargo a más de cien personas. En ocasiones
son un ejército. En otras ocasiones, no. Todo depende
de la tarea. Supongo que llegado el caso podrían serlo, si
se lo pidiera. Si nunca se les pide que lo sean, estamos simplemente ante un buen departamento. Lo cual es mucho
en tiempos de paz.

Las exigencias en tiempos de guerra tanto para el líder
como para la tropa son muy distintas. Para comprometerse en un auténtico conflicto militar en tu provecho, un
grupo de personas debe integrarse en un ejército según
tres consideraciones clave:

1. Ser conscientes de que, de hecho, forman un ejército y que, al menos durante un período limitado de
tiempo y por un propósito concreto, tú eres su líder.

2. Que hay un enemigo que representa un peligro
para todo el ecosistema.

3. Que tal vez sea necesario que mueran por la causa,
incluso si la causa eres tú.

Si llega la guerra, tengo mis dudas acerca de si mi departamento conformaría un ejército propiamente dicho. Imagino que algunos de mis chicos se dejarían herir en el hombro por mí. Tal vez un corte al afeitarse si fuera un mal día y yo les prometiera a cambio un fin de semana largo. Pero ¿morir? No. No espero eso de ellos en estos momentos. Y si tu ejército no está dispuesto a morir por ti, en realidad no estamos hablando de un ejército, ¿verdad? Como mucho de una fiesta de Navidad.

De todas maneras, ¿por qué alguien debería morir por ti? ¿Morirías tú por ellos? ¿O, como la mayoría de generales, te sentarías en lo alto de la colina mientras los acribillan a balazos uno a uno para cumplir con tus planes? Por supuesto que lo harías. Por eso eres un general en potencia. Pero en el auténtico arte de la guerra esto no funciona así, señoras y señores. Para enrolar y conservar incluso el ejército más chapucero, ebrio, estúpido y desgraciado has de ser capaz por lo menos de hacer dos cosas:

1. Manejar una guerra sin ejército, y demostrar a los demás que puedes hacerlo.

2. Y, mientras lo haces, atraer a otros hacia tu causa, puesto que la mayoría de la gente no tiene ni idea de lo que está pasando y busca que alguien, incluso tú, la guíe.

Estamos llegando al punto clave del *auténtico* arte de la guerra entendido como la lucha en el campo de batalla de los negocios en la actualidad: la guerra sin ejército. Porque aún no eres un Bill Gates y no dispones de una legión de bien pagados y estresados abogados que harán lo que les pidas aunque se trate de una locura muy poco competitiva. Porque no eres un matón cualquiera con recursos ilimitados como Bill O'Reilly, con suficiente influencia por su publicidad para forzar a los abogados de NewsCorp a oponerse a la mismísima primera Enmienda que juran cada día defender para servir los intereses de sus propios clientes. Porque no eres Dennis Kozlowsky, que tiene el poder de encargar un modelo a escala natural del *David* de Miguel Ángel que orine vodka de verdad.

Tal vez este último ejemplo no venga al caso. Hay cosas que no vale la pena hacer, aunque puedas hacerlas.

Antes de que asumas la responsabilidad del mando, guerrero occidental, debes practicar el arte de la guerra sin las herramientas típicas del general chino. Sin tropas, sin el poder de vida y de muerte, sin espadas, fusiles, cañones, catapultas, bombas, aviones y ni un solo perro de la guerra.

Deberás hacerlo con tus propios medios, sin otras herramientas que aquellas al alcance del ciudadano medio con atributos personales relativamente comunes.

La guerra sin ejército

Atributos personales

Servirse de cada una de estas ventajas personales y deshacerse de otras es lo que transforma a una persona normal en un guerrero. La habilidad para que otras personas hagan otro tanto en tu provecho transforma al guerrero en general.

¿Quiénes forman tu activo?

> Si la victoria tarda demasiado en llegar,
> las armas de la guerra perderán su filo. Una
> guerra prolongada es una sangría para el
> Estado.
>
> SUN TZU

> El matrimonio es la única guerra en la que
> te acuestas con el enemigo.
>
> GARY BUSEY

Tal vez en esta extraña ocasión Sun Tzu esté en lo cierto y Gary Busey esté equivocado. O tal vez ninguno de los dos tenga razón. Vamos a hablar primero de Gary Busey.

Los negocios son una guerra en la que te acuestas con el enemigo cada día. Los relaciones públicas tienen que hablar con periodistas sanguinarios que dicen que van detrás de algo cuando en realidad pretenden otra cosa bien distinta, y ser sus amigos, invitarlos a comer, ensalzar incluso a los más fétidos entre ellos, agasajarlos durante todo un fin de semana para que se codeen con la misma gente que al día siguiente pondrán en la picota con un «¡te pillé!» tan regocijante como embriagador era el Chardonnay de la noche anterior.

Los periodistas tienen que vérselas con relaciones públicas sórdidos y manipuladores que harán todo lo posible para meterse en su cerebro y guiar sus manos, amigos, por así decirlo, que les dirán que algo no está ocurriendo cuando en realidad sí ha ocurrido, y viceversa.

Cuando los políticos hablan los unos con los otros saben que en el pecho del otro no bate un corazón, sino un único deseo: ganar.

Los médicos tienen que hablar con los gerentes de sus hospitales, los profesores universitarios con sus decanos, las estrellas del rock con los medios para salir en antena, excepto después de la Super Bowl.

No son tantos los maridos y mujeres que se acuestan juntos en comparación con los guerreros de los negocios que deben hacer otro tanto con quien no les apetece.

En este permanente estado de guerra debes tener tus propios activos. Incluye en ellos:

1. Tú. Tú eres tu mejor activo.
2. Amigos profesionales, entendidos como tales aquellos con quienes hablas de cualquier cosa menos de trabajo fuera del típico horario laboral. Gente con la que te has tomado una copa, o un café, si no bebes.
3. Amigos del mundo real, a no ser que seas Martha Stewart, quien contó una tontería jugosa a una amiga suya para comprobar que ella la repetía cuando testificó.
4. Gente cuyo interés personal sea idéntico al tuyo.

Como activos, tus aliados, tus amigos y tus enemigos amistosos, los de siempre y los ocasionales, deben dejarse manipular, moldear y ser lanzados a una batalla sin un final definido. Los negocios se diferencian de las guerras en un aspecto crítico, a no ser que nos refiramos a la guerra de los Cien Años entre Alemania y alguien más entre los siglos xiv y xv. No tienen fin. La gente muere aquí para reaparecer de manera repugnante en otro lugar. El viernes has ganado, y resulta que el lunes por la mañana te dan la patada en el culo. Así que la mayoría de tus activos serán tan buenos como lo sea su compromiso.

Ellos, al igual que tú, deberán ganar en cada ocasión o perderán empuje, y necesitarás entonces nuevos activos.

Conseguir que la gente esté dispuesta a luchar: curso acelerado

> Cuando tus soldados tengan sus espaldas contra la pared lucharán como si en ello les fuera la vida. Es mejor el éxito que la muerte, cuando no hay otra alternativa.
>
> SUN TZU

> En la batalla lo único que necesitas es un poco de sangre caliente y saber que es más peligroso perder que ganar.
>
> GEORGE BERNARD SHAW

Forma parte de lo más profundo de nuestra naturaleza humana evitar el dolor y no infligirlo a otros siempre que sea posible, a no ser que seas un sádico. Sólo en el mundo de los negocios, en política y en el ámbito militar, actividades éstas que se regodean con los conflictos, las ventajas y los beneficios, la naturaleza humana esencialmente pacífica se ve profanada cada día.

¿Cómo conseguir que la gente lo haga? No, en realidad la desesperación no funciona, excepto, quizás, en esas breves luchas al maldito estilo Sun Tzu que empiezan y terminan el mismo día porque los contendientes sólo disponen de unos pocos carros de guerra.

Debes crear el deseo de luchar del mismo modo que te empeñas en crear amor y lealtad en aquellos que no ven razones para lo uno ni para lo otro. Como lo atestigua el elevado número de luchas estúpidas que se dan en el mundo, comprobarás que es bastante fácil conseguirlo si planteas a cada soldado en potencia —incluyéndote a ti— estas cinco preguntas básicas.

1. ¿Por qué estamos haciendo esto? Tiene que haber una razón, incluso si es ésta: «Porque estoy loco.» De lo magnífico a lo ridículo: una de las cosas que distinguieron el fiasco de AOL-Time Warner fue que nadie que perteneciera a esta última compañía, ni aun nadie ajeno a ella, fue capaz de comprender por qué razón un tipo tan inteligente como Jerry Levin se empeñó en vender una de las mayores empresas del mundo a un grupito de advenedizos. Ahora tenemos una explicación: no había otra razón que las vaporosas imágenes que despertaban los nuevos medios de comunicación en un presidente del consejo de administración visionario en exceso.

2. ¿Qué obtendré yo? Tiene que haber algo bueno para todo aquel que se inmiscuya en la lucha. En ocasiones con sobrevivir ya hay bastante, pero es mucho mejor pensar en términos de dinero, poder o, lo mejor y menos caro de todo, la más alta consideración de quienes gobiernan tu vida. «Los que van a morir te saludan», decían los gladiadores que luchaban por el césar, y él se levantaba en su estrado sin dejar de comer higos. ¿Por qué morían? ¿Por qué lo saludaban? ¡Imagínatelo!

3. ¿Me dolerá? Por supuesto, todo el mundo quiere saberlo. Todas las mañanas, después de despertarme y mientras me afeito, me lo pregunto. ¿Qué me deparará el día de hoy? ¿Ganaremos o perderemos la batalla? ¿Me dolerá la barriguita? Como lo más probable es que no puedas responder a estas preguntas, a veces son necesarias unas cuantas mentiras estratégicas. Prácticamente en todas las fusiones en las que he participado se les dijo a los empleados que saldrían beneficiados con el cambio. Aunque casi nunca fue bueno para ellos. Eso no significó que no trabajaran día y noche para llevar a buen término el trato y se dieran la mano cinco minutos antes de mostrarles la salida. Que las cosas irán bien para todos es una mentira de las buenas en la guerra. Para nada necesitas gente desmoralizada por la crueldad del destino hasta su muerte, o al menos hasta que abandonen el edificio.

4. **¿Cuánto durará?** En este caso vale la pena decir la verdad. No lo sé. Tal vez haya terminado a la hora del té, como a Sun Tzu y a sus colegas blandengues les gustaría que ocurriese. No obstante, lo más probable es que la ensalada de tiros en la que te has involucrado dure días, meses, años o incluso toda tu carrera profesional. Conozco a gente que trabajaba para Pepsi hace veinte años y que aún no se permite saborear una Coca-Cola.

5. **¿Tendré vacaciones cuando todo termine?** No. Después de una guerra llega el momento de algo mejor todavía, queridos amigos: el reparto del botín.

Entraremos de lleno en el tema del botín más adelante. Ahora toca hablar de cómo utilizar las nuevas armas y herramientas. Aún queda un largo camino antes de estar en condiciones de descorchar una botella de Veuve Clicquot.

Mantén tus tropas
bien alimentadas y felices

> Alimento, munición y dinero, las tres cosas son igualmente cruciales. Cuando el ejército se moviliza, lo más importante es alimentarlo. Cuando entra en combate, la munición cuenta más que la comida. Y un ejército en reposo necesita dinero. Preocúpate de estas tres cosas.
>
> SUN TZU

> El primer paso para una campaña victoriosa es conseguir que la gente luche.
>
> FRAN LEBOWITZ

Y para que luche hay que alimentarla, y hacerlo de distintos modos.

Veamos. Soldado núm. 1, que por lo que sabemos eres tú. Eres el general, el ejército, las fuerzas especiales y la policía secreta, todo en uno. Eres un comando que serpentea tras las líneas enemigas en lo más oscuro de la noche. Eres un kamikaze que se mueve raudo entre las llamas para sacar al tipo de la planta catorce que está metiendo mano a tu agenda. Eres Patton con su bastón de mando, Larry Ellison con sus barcos, Aníbal con sus elefantes en los Alpes, Diller con su teléfono móvil en las calles de Manhattan. Eres todas estas cosas, y con todas estas cosas debes construirte un ejército que deberá ponerse en marcha y mantenerse hasta alcanzar el objetivo y llegue el momento de repartir el botín.

Mientras te dedicas a las pequeñas escaramuzas y creas las condiciones para una buena guerra, de aquellas que marcan una carrera, tendrás que tratar bien a tu ejército, según los criterios que dicta el dulce Tzu.

Tú eres el primero. Y también el segundo. En tercer lugar ya va tu ejército, si es que llegas a disponer de uno. Bueno, podría ser en cuarto lugar, después de ti.

Alimento

Tú: preocúpate de ti. Las dietas bajas en carbohidratos hacen furor en la actualidad, y suelen funcionar porque una dieta basada en carnes rojas en todas las comidas (yo considero la panceta carne roja) te hace belicoso, sobre todo cuando lo que deseas es un buen plato de pasta y no lo tienes. Importante, nunca te pierdas una comida. Es un mal negocio. Y utiliza las comidas para reunir a tus leales colaboradores, excepto quizá durante el desayuno, porque a esas horas del día es prácticamente imposible hablar.

Tu ejército: tienen que alimentarse, en todos los sentidos. Con tal de que estén dispuestos a hacer lo que quieras cuando tú lo quieras. Disciplina, ésa es la palabra clave de cualquier organización.

Tú y tu ejército: cuando ya os encontréis en plena lucha o planificando la siguiente acción tened siempre a mano pizza o bocadillos, y no bebáis demasiado. La bebida da flojera. Desear un buen trago te hace sentir a punto para la lucha.

Armas

Tú: Dios, tienes varias. ¡Tu ingenio! ¡Tu buena presencia! Y, la más esencial, tu cuenta de gastos, que te será útil para llevar al huerto a nuevas tropas.

Tu ejército: por supuesto, su cuenta de gastos es cosa de ellos, excepto si han de repercutir en tu presupuesto. En este caso, no los pierdas de vista.

Tú y tu ejército: cualquier cosa puede servir como arma. Presentaciones en PowerPoint, tan utilizadas en los últimos decenios para crear la ilusión de que algo grande estaba en marcha, se utilizan en la actualidad en un contexto predatorio. Es decir, es posible hacer pasar acciones agresivas por algo razonable mediante el aire lógico que confiere un tratamiento gráfico.

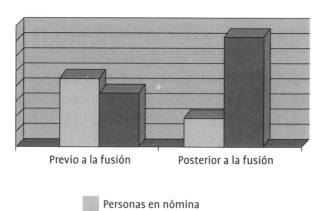

Material indigno que pasa por estrategia aceptable cuando se presenta en PowerPoint

Previo a la fusión   Posterior a la fusión

▢ Personas en nómina
◼ Compensación a los ejecutivos

Por supuesto, hay más armas a tu disposición, y hablaremos de ellas más adelante. Pero la más efectiva de todas es que la gente se pliegue a la voluntad de sus superiores. Las organizaciones capaces de generar gente así juegan con ventaja.

Dinero

Sun Tzu asegura que el dinero es lo más importante en períodos de reposo. Tal vez fuera cierto en la antigua China, país en el cual para encontrar un lugar donde gastarlo debías viajar miles de kilómetros. Hoy el dinero significa éxito. Tiene que haber un montón de dinero para todo el mundo, en todo momento, o al menos aquella cantidad que cada miembro de tu ejército, empezando por ti, considere un montón de dinero.

Lo más probable es que la gente del escalafón más bajo opine que cien mil dólares es una fortuna. Para los cargos intermedios la referencia son trescientos mil. A partir de ahí la subida es gradual, pero cualquiera que juegue un papel de relevancia opinará que su labor ha de valer alrededor de un millón al año, todo incluido. Y en la cúspide de la locura se encuentran los auténticos generales, que definen ya «un montón» como «más que Eisner o Welch». Todos miran hacia arriba, hacia el peldaño superior, de modo que eso es lo que el reparto del botín ha de prometerles, al menos a largo plazo.

Tú: Lo que tú estás buscando, para un plazo de entre tres y cinco años, adquiere la forma de un palo de hockey si lo representamos en una gráfica. Así:

El palo de hockey de la suerte

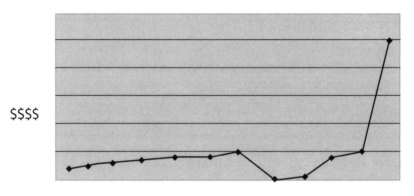

Tu dinero (a lo largo de los años)

... con un bache de un par de años de recesión durante los peores momentos de la guerra...

Tu ejército...: quiere lo que tú quieres. Para ellos. Y, por supuesto, para ti. Tú, en segundo lugar.

> Habrá hombres que comprarán presentes para sus seres queridos. Otros preferirán los juegos de azar. Habrá quien compre libros, baratijas o dulces. Al comandante no ha de importarle en qué gasta su dinero el soldado, siempre que no interfiera en la disciplina.
>
> Sun Tzu

Como siempre, Sun Tzu ha conseguido izar el estandarte blandengue, su ropa interior de seda blanca, en lo alto del mástil de la bandera. ¿Por qué no controlar todo lo controlable? En particular, el juego. Salvo que seas un corredor de apuestas, no te interesa que uno de tus muchachos se vaya a Las Vegas con su paga extra y vuelva de allí sorbiéndose los mocos.

Tú y tu ejército: todos vosotros habéis peleado por el mismo alto ideal: tú. Porque esto es un negocio, nada que ver con la religión ni el gobierno, a no ser que tu negocio consista precisamente en eso.

¡Victoria! Y con ella, ¡prosperidad!: es lo que prometiste a aquellos que se enzarzaron en la guerra contigo, ya consista la prosperidad en un nuevo cliente, en una filial, o en que te cambien la moqueta de tu despacho. A veces, que te cambien los muebles de la oficina resulta más difícil que organizar una gran fusión. Decide tú mismo qué es, a largo plazo, lo más importante para tu futuro. Si en Time Warner todos hubieran tenido muebles de oficina nuevos y se hubieran olvidado de la fusión con AOL ahora estarían mucho mejor.

Tienes que tener corazón

Para matar al enemigo debemos despertar
la ira en nuestros hombres.

Sun Tzu

Las guerras pueden hacerse con armas, pero
quienes las ganan son los hombres.

George S. Patton

Napoleón dijo que un ejército lucha con su estómago,
pero es que él era francés. Otras naciones marchan con
otras partes del cuerpo. Imagina que eres un general chino
en tiempos de Sun Tzu y que tienes que alimentar a tus
hombres con una tonelada de fideos, para descubrir media
hora más tarde que vuelven a tener hambre. Ya sea que
dispongas de un numeroso pelotón o que cuentes sólo
con un asistente, por lo general airado, tendrás que convencerte de que la cuestión es mucho mayor que tú. Buena
parte del problema para el guerrero/directivo consiste en
que si deseas que ellos pongan sus vidas en tus manos
deberás conseguir que crean que te preocupas por ellos.

Una primera consideración sería establecer una bandera bajo la cual un ejército estaría dispuesto a arrastrarse,
si no exactamente a marchar. Muestro a continuación
algunas organizaciones conocidas y los objetivos generales que se marcaron en el pasado o que persiguen en la
actualidad para alcanzar la victoria.

Organización	Objetivo
Antigua Roma	Dominar el mundo/machacar a los bárbaros
Microsoft	Dominar el mundo/machacar Linux
General Electric	Humillar a los amigos en reuniones públicas/ganar dinero
Disney	Proteger al presidente del consejo
Inquisición española	Aniquilar a los infieles
Las Cruzadas	Aniquilar a los infieles
Al Qaeda	Aniquilar a los infieles
Mel Gibson	Aniquilar a los infieles
George Washington	Establecer la Unión
Abraham Lincoln	Defender la Unión
Sam Walton	Machacar los sindicatos
Dalai Lama/ Richard Gere	La libertad del Tíbet
Mi madre	La libertad de Martha Stewart
La empresa media estadounidense	La cuenta de resultados, salvaguardar las pagas extras de los ejecutivos

Por supuesto, todos ellos son objetivos dignos de encomio, pero un poco desmesurados. En nuestro mundo deberías aspirar a cosas que motiven a la gente y que, al mismo tiempo, estén un poco más centradas. Las posibilidades a este respecto incluyen:

1. Que nadie pegue la bronca a nadie.
2. Disfrutar de una buena fiesta de vacaciones por año nuevo.
3. Obtener más beneficios que el año anterior, de modo que nadie os pegue la bronca y podáis disfrutar de una buena fiesta de vacaciones por año nuevo.
4. Que quiten algunas oficinas de la planta para que podáis estar más anchos.
5. Humillar al departamento de finanzas, así os dejarán en paz cuando preparen el presupuesto.
6. Obtener mejores resultados que la división hermana situada al otro lado de la ciudad. De este modo caeréis mejor al presidente y os dará mejores pagas extra.
7. Ayudar a que los niños tengan juguetes por Navidad, que podemos repartir durante la celebración de la gran fiesta de las vacaciones de año nuevo, con piñatas y todo incluido.
8. Convertirnos en el número 1 en satisfacción al cliente, con lo cual alcanzamos nuestro objetivo, lo celebramos con una gran fiesta de vacaciones de fin de año, conseguimos que nadie grite a nadie y que nos den una placa conmemorativa.

Si se comunica a los demás objetivos como éstos en un contexto laboral podrán crear por sí mismos un ejército, improvisado al principio y más estable y consolidado con el tiempo, para luchar por el mismo fin.

Pero no es suficiente contar con un objetivo. El equipo, sea del tamaño que sea, debe sentir que el líder, tenga la envergadura que tenga, mira por los intereses del grupo —colectiva e individualmente— y que conserva cerca del corazón, sea del tamaño que sea, sus inquietudes.

Sorprendentemente, para muchos supuestos generales es mucho pedir esta expresión de camaradería. Para ellos, para esas personalidades militares o gerenciales insensibles, narcisistas, pagadas de sí mismas, frías y rígidas, aquí van métodos que los ayudarán a dar la impresión de empatía, compasión y calidez necesaria para despertar la lealtad y la voluntad de luchar de las tropas.

• Aprenderse el nombre de la gente y saludarla personalmente, incluso cuando no sea imprescindible hacerlo: «Hola, Chuck», cuando el nombre de la persona sea Chuck, o «¿Qué tal, Larry?» cuando, obviamente, su nombre sea Larry. Si no se trata ni de Larry ni de Chuck hay que incluir, si se recuerda, el nombre apropiado. Si no es así, un «Hola, tío» servirá siempre para mostrar buenas intenciones, incluso funcionará un «¡Eh, tú!» pronunciado mientras se sonríe y se señala al tipo en cuestión con los dedos índice y pulgar extendidos. Estas estrategias llevan implícito el mensaje de que te preocupan lo suficiente los individuos como para dedicar cierta energía a saludarlos. Por alguna razón, esto significa mucho para ellos.

• Dejar la puerta abierta para que los demás puedan entrar en tu despacho. Incluso puedes invitarlos a que se sienten y te hablen de sus cosas. Aunque esto supondrá un problema para quienes sufran el Trastorno de Déficit de Atención del Ejecutivo (TDAE), que podría definirse como la incapacidad de prestar atención durante más de treinta segundos a nada que no sean los propios pensamientos y las propias necesidades. Es una queja muy extendida que, al igual que otros trastornos de la personalidad, es indoloro para quienes lo sufren, pero resulta molesto para los demás. Es posible hacer frente a esta angustiosa incapacidad haciendo un esfuerzo consciente por mantener el contacto visual con la otra persona y establecer con exactitud lo que desea, y de inmediato ofrecérselo o prometerle que «removerás cielo y tierra para conseguirlo». Recuerda que un intento poco sincero de ser sensible es mejor que nada.

• También servirá para acercarte a los demás descubrir qué piensan sobre determinadas cosas. De acuerdo, no te importa un pimiento lo que piensen, pero, una vez más, aparentar que te importa es casi tan bueno como que te importe de verdad.

Hace algunos años trabajé para un alto directivo que decidió que necesitábamos (es decir, necesitaba él) una importante adquisición para mantenernos centrados en nuestro negocio. Recabó toneladas de informes de toda la estructura directiva y nos escuchó a todos con diligencia y constantemente. Nadie deseaba que lo «sacara adelante», como obsesivamente describía su plan de acción. Al final hizo lo que deseaba hacer y nosotros lo seguimos voluntariamente en aquella batalla. Su carrera quedó cercenada casi de inmediato y nosotros nos vimos obligados a huir a las colinas, desnudos, temblando, y a esperar que la tormenta pasara. A pesar de todo le queríamos, y nos encantaba trabajar para él. ¿Por qué no habría de ser así? ¡Era tan bueno escuchando...!

• Empieza por adoctrinar a tu futuro ejército acerca de lo que hay que hacer, es decir, acerca de la necesidad de encontrar al enemigo y destruirlo, o destruir aquello que lo mantiene en pie. No obtendrás la lealtad y la determinación de los demás —ni nada que sea importante— si no se lo pides.

• Recuérdales el programa militar hasta que sean capaces de recitarlo de memoria. Como cualquier miembro de la secta moon sabe, la reiteración es la madre de cualquier lavado de cerebro, así que no pares de machacar el mensaje. Asegúrate de que los agotas. Trabaja con ellos a horas extrañas. Mantenlos levantados hasta tarde en situaciones en las que puedas controlar lo que comen y beben y, al final, incluso lo que hablan, haz que se diviertan, haz que se pongan furiosos. Momentos adecuados para este importante proceso son las reuniones, los fuegos de campamento, los bares después del trabajo, los partidos de golf, los retiros en la playa, cosas así. El compromiso clave aquí es que nunca dejes demasiado tiempo a solas a tus tropas. Si dejas que se ocupen de sus asuntos, tal vez se pongan a pensar por sí mismos otra vez. Y ése es tu trabajo.

• Sé un líder. Las guerras prosperan cuando la línea de mando es clara. Cuando no es así, el éxito no llega. Si existe confusión acerca de quién lleva la voz cantante, tal vez tus hombres empiecen a pensar que saben cuidar de sí mismos mejor de lo que los cuidas tú. Y ése es un pensamiento sedicioso capaz de desbaratar cualquier guerra que pretendas dirigir.

• Transmite un concepto de gloria que todos puedan compartir. Imperio. Conquista. Supervivencia. Riqueza. Posición dominante en el mercado. Muerte a los infieles. Haz crecer una gran zanahoria que mantenga al grupo unido y tirando en la misma dirección.

En último término, si deseas ser un general de éxito, procura tener presentes a los demás, incluso si te resulta tan difícil como aprender chino. Recuerda que también es su guerra, si tú quieres que lo sea.

Que la banda empiece a tocar

> Gongs y tambores, estandartes y banderas son los medios que se utilizan para concentrar y unificar los oídos y los ojos de la tropa.
>
> SUN TZU

> Como muchos hombres de mi generación, tuve ocasión de darle una oportunidad a la guerra, y rápidamente la deseché.
>
> O. J. O'ROURKE

Tal vez tengas ya un ejército, si has trabajado duro para organizarlo. Pero dales a esos tipos media oportunidad y su inteligencia natural se impondrá y dejarán tu guerra, porque en el fondo no es la suya, y harán lo que es mucho más natural para ellos, esto es, vivir en paz.

Así que, además de todo lo dicho en los capítulos anteriores, tendrás que endulzar la tarta con un montón de música celestial que ensalce el conflicto, que le dé significado, que lo convierta en algo divertido: hablo de los símbolos que proporcionarán a la guerra el aura de majestuosidad e importancia que precisa para durar lo que haga falta.

Y esto incluye:

- **Una bandera o un eslogan.** En muchos casos se trata de un logotipo que llegue al corazón de todos. Pero también puede ser una frase capaz de arrastrar al ejército. El mundo exterior no tiene por qué conocer necesariamente estos eslóganes. Así son más poderosos. Cuando yo era jovencito la corporación para la que trabajaba confeccionaba uno cada año, algunos tan trillados y estúpidos como «Tú marcas la diferencia», «Juntos venceremos» y «Construimos lo mejor». Al principio estas cosas nos ruborizaban. Poco después sentíamos cierta excitación. Al final, marchábamos juntos, con los ojos húmedos y orgullosos de nosotros mismos. La mente y el espíritu humanos son especialmente maleables; imaginaos lo inquietante que resultaría si añadiéramos un poco de amor.

• **Una canción.** No todo el mundo dispone de una. Pero yo recuerdo la letra de una de hace unos quince años que decía algo así: «Construimos lo mejor / Hemos pasado el test / Hemos fijado nuestros objetivos / Hemos tomado el control / Construimos lo mejor.» Se cantaba con la melodía de *I'm so excited*, de las Pointer Sisters. Deplorable, ¿verdad?

• **Un uniforme.** Hay una razón que explica que en un ejército todos vistan igual. De algún modo, eres lo que vistes. Los tipos de la empresa de paquetería UPS llevan ese atuendo marrón tan peculiar, a veces con pantaloncitos cortos. No importa. Los uniformes se llaman uniformes porque ayudan a crear una cierta uniformidad mental necesaria para quienes se supone deben obedecer órdenes de manera uniforme.

• **Recompensas por el éxito.** No tiene por qué ser gran cosa. Hace unos años, nuestra compañía creó unos *pins* que repartía entre la gente que encarnaba el espíritu de la calidad. Se trataba de una Q fabricada de latón. La gente mataba por conseguirla. General Electric disponía de un tonto programa de calidad Seis Sigma que hacía que la gente se sintiera contenta. Otras empresas organizan viajes para los empleados que se portan bien u ofrecen lápidas traslúcidas para conmemorar batallas ganadas en alguna fusión. Por supuesto, los ejércitos son expertos en este tipo de cosas, acostumbrados como están a colgar en pechos y hombros de sus guerreros, hombres y mujeres, pequeñas piezas de metal con una cinta, las medallas, que vienen a representar la esencia de la vida y la muerte. No importa el objeto en sí. Es el hecho de que te lo concedan lo que te lleva a niveles irracionales de esfuerzo y logro, o a cumplir tu destino.

- **Fiestas.** Ofrecen diversión, relajación y, si hay suficiente provisión de bebidas alcohólicas, humillación compartida y revelación de la auténtica personalidad de cada cual. Sirven para construir camaradería y para conseguir que los empleados crean que la empresa se preocupa por ellos más de lo que en realidad se preocupa.
- **Tiempo para holgazanear.** No es aconsejable obligar a la gente a luchar todos los días. Fomenta, los viernes, en los niveles superiores, una cierta actitud de *laissez faire* que permita parar la maquinaria un poco antes de lo que sería aceptable si se siguieran las normas. No seas quisquilloso con los horarios de unos trabajadores a los que en cualquier momento pedirás que padezcan por ti. Sería una grosería.

TERCERA PARTE

El Tao del ¡ay!

Muerte es muerte.

Sun Tzu

Para. Me estás matando.

Anónimo

Un capítulo corto, pero importante

Hay cinco maneras de atacar mediante el fuego. La primera consiste en quemar a los soldados en su campamento; la segunda, en quemar sus provisiones; la tercera, en quemar las caravanas con la impedimenta; la cuarta, en quemar los arsenales y almacenes, y la quinta, lanzar bolas de fuego al enemigo.

Sun Tzu

Lo más importante es ser fuerte. Con fortaleza puedes conquistar a otros, y conquistar a otros te da virtud.

Mao Zedong

Te preguntarás qué clase de plan de batalla es éste que incluye prender fuego a la gente. Y que no le da mayor importancia como estrategia. ¿Te lo has preguntado? El gran blandengue tenía razón.

Deja que te lo explique:

■ Preocupación por el bienestar de otras personas
□ Éxito en la guerra

Si esto te supone algún problema, quizá tendrías que ponerte a leer otro libro.

Cosas del blando de Tzu:
lo mejor, la victoria sin batalla

¡Dadles con el frío acero, muchachos!

Lewis Addison Armistead,
guerra civil, 1863

Sólo una palabra acerca de este concepto que permanece en lo más hondo del empalagoso corazón de Sun Tzu.

La idea es que la más elevada expresión de logro militar corresponde al comandante capaz de alcanzar la victoria sin disparar un tiro. Los honores son para quienes planifican mucho, se sitúan perfectamente en sus posiciones y cuando se despiertan a la mañana siguiente descubren que son los amos del campo de batalla porque los otros: *a)* han huido, *b)* se han caído y se han herido, o *c)* otras circunstancias.

Supongo que cosas como éstas suceden. Y no es mala idea asegurarse de que inviertes en la lucha el menor tiempo posible y le dedicas la menor cantidad posible de recursos, todo para alcanzar el objetivo deseado. Hasta aquí, de acuerdo con estas ideas blandengues...

Pero, al final, esta danza del *jiujitsu* es una gran mentira, la peor manera de empezar una campaña. Ya deberías saber que estamos hablando de la guerra, que en la guerra la gente muere, que aquellos que no mueren quedan afectados, aunque sólo sea un poco, y que aunque te convenzas de que todo terminará pronto, no será así.

Te recomiendo, ambicioso guerrero, que recuperes la fotografía de George W. Bush tocado de pies a cabeza con el uniforme de piloto de combate, resplandeciente en la cubierta de un portaaviones, dos semanas después de que las tropas de Estados Unidos sentaran sus reales en Irak. Un júbilo supremo reinaba en el ambiente. La guerra había terminado. Con una fuerza relativamente pequeña y objetivos claros, rápidamente nos hacíamos dueños del terreno y salíamos victoriosos...

Las relaciones públicas son importantes en la guerra. Pero la guerra no es relaciones públicas. Quienes son incapaces de distinguir lo uno de lo otro acaban muertos en una agencia de relaciones públicas.

Hay muchas clases de batallas. Pero ganar una batalla no significa ganar la guerra.

Para ello son necesarias otras virtudes distintas a las imaginadas por Sun Tzu y acatadas a ciegas por sus seguidores de la industria del Tao.

Virtudes de Sun Tzu	Virtudes auténticas
Sabiduría	Agresividad
Moderación	Tenacidad
Visión estratégica	Memoria de elefante para recordar las afrentas personales
Buenas líneas de abastecimiento	Capacidad de atesorar una buena cantidad de rencor
Conocer el Tao	Conocer a Mao

Virtudes de Sun Tzu	Virtudes auténticas
Humildad y gracia	Una voz potente
Soberbio dominio de las relaciones espaciales durante el conflicto, percibir qué lugares deben evitarse y hacia cuáles desplazarse para obtener ventaja	Convicción de que siempre se tiene razón, y la enfermiza necesidad de erradicar, con publicidad si es posible, a quienes piensen lo contrario
Sano respeto por el oponente	Paranoia
Mandar con dignidad	Capacidad para infundir miedo
Rodear de misterio las comunicaciones, con un montón de poéticas metáforas, para atraer a toda clase blandengues tontorrones.	Directo al grano, sin miramientos

Estás a punto de conseguir que tu contrincante exclame ¡Ay! Es todo lo que necesitas hasta que la guerra termine. Y tal vez estamos hablando de mucho tiempo. ¿Lo has entendido? Adelante, entonces. Tienes trabajo que hacer.

Batalla sin victoria:
la senda del guerrero

> Cuando tengas que matar a un hombre no te cuesta nada ser cortés.
>
> WINSTON CHURCHILL

La verdad, al contrario de lo que nos quiere hacer creer a veces Sun Tzu, es que las cosas de la guerra son de una naturaleza indeterminada, un poco más cerca de la política local que de la gran película del combate cuerpo a cuerpo. No recuerdo la última vez que alguien por aquí recibió un puñetazo no metafórico en la nariz.

Una guerra cualquiera puede durar meses, quizás años, y en el mundo real uno aprende a infligir dolor a terceras personas al tiempo que se reserva el derecho a subir y bajar en ascensor con ellas tres o cuatro veces al día sin provocar incidentes.

En la gráfica siguiente muestro la diferencia entre un auténtico conflicto armado y aquel otro al que tienes más posibilidades de enfrentarte en tus idas y venidas diarias.

Curvas de conflicto

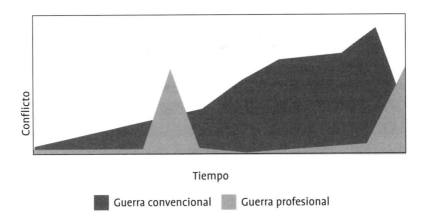

Tiempo

■ Guerra convencional ■ Guerra profesional

Como ves, la guerra convencional (zona más oscura) comienza con un bajo perfil de conflicto, tal vez un asesinato o dos, para pasar a continuación a una escalada de las hostilidades y a una gran conflagración, que puede perpetuarse en el tiempo. Cuando uno de los bandos se impone, la curva del conflicto cae en picado.

En la guerra profesional (área más clara) las cosas son distintas. Tienes que estar preparado para soportar un bajo perfil de conflicto durante un determinado período de tiempo, quizás indefinido. En ocasiones, ese follón irritante, el ruido de fondo que se monta en todas las batallas llega a adquirir proporciones letales, para pasar a continuación a los niveles de «aquí no pasa nada», peligrosos pero no tóxicos. Y la guerra continúa y continúa. Y nada puedes hacer hasta que tú o ella estéis acabados.

Observa la duración de las campañas emprendidas por algunos grandes guerreros del pasado y el presente:

Moisés guiando a su pueblo	80 años
La guerra de los Cien Años (*c.* 1350-)	Más de 100 años
George Washington	40 años
Abraham Lincoln	5 años (acabó muerto)
Ho Chi Minh	50 años
Nelson Mandela	30 años (sin contar los años de matrimonio)
Nolan Ryan	32 años
Lew Wasserstein	65 años

La paciencia no es una virtud en la guerra de los negocios. Es una necesidad.

Desconfía de aquellos que te aconsejan que te lances a la lucha como si tuvieras un lanzamisiles en el hombro y una granada en el cinturón. No es así. Tal vez tengas que vivir en un estado permanente de guerra durante toda tu carrera profesional, sobre todo si trabajas en un lugar propicio a las adquisiciones y a las reorganizaciones, frecuentado por asesores de McKinsey que se ganan la vida fomentando la confusión en la empresa.

Agresividad: no aceptes sucedáneos

> Utiliza al general que siga mi consejo, porque es seguro que vencerá. ¿Y el general que lo ignore? También puedes servirte de él, pero ciertamente será derrotado. Ése debe ser destituido.
>
> SUN TZU

> El pacifismo es funesto para nosotros. Nuestro objetivo es dejar al enemigo inactivo.
>
> MAO ZEDONG

Era un tipejo arrogante, ¿verdad? Me refiero a Sun Tzu. Y no tan diferente de Mao si nos fijamos en lo esencial. Resulta que los dos fueron buenos en el arte de la guerra, en su momento, aunque sus estilos diferían bastante.

No hay un camino hacia la victoria. Saberlo no te hará daño. Valorar tu situación es cosa útil y buena. Pero antes de seguir deja que te repita la palabra que responde al auténtico arte de la guerra, a pesar de Tzu.

Representa todo lo que necesitas, y si lo tienes, lo tienes todo. La hemos mencionado antes. No, no es «tarjeta» de crédito, aunque Dios sabe que necesitarás una. No, no es «amor», y que John Lennon me perdone.

Es agresividad. Dura y pura, amoral, la cruda agresividad y la abrumadora voluntad de vencer en todas las ocasiones, en todo momento, siempre. Cuando la tengas podrás añadir otros atributos que no sólo te ayudarán en la guerra; también la crearán.

Vamos, admítelo. Quieres ser agresivo, ¿verdad? Eres un guerrero, ¿no es así? Y como tal disfrutas de determinadas características que en otras personas se considerarían defectos, pero que en ti son ventajas:

• Nunca estás satisfecho con la parte que te corresponde.

• Te dejas arrastrar por las corrientes de avaricia, deseo, hostilidad y ansiedad. Por el ansia de poder. Por la rabia que flota en el ambiente.

• Padeces una maníaca tendencia a salirte con la tuya, una gran pasión por que las cosas vayan como tú deseas.

Conozco a este ejecutivo, aunque no citaré su nombre. Pocas cosas ha hecho a lo largo de su vida salvo luchar y joder. No siempre es simpático, a veces es todo lo contrario. De acuerdo, seamos sinceros: casi nunca es simpático. Pero para él la cuestión todos los días es ganar, y por ganar quiero decir dos cosas:

1. Obtener más.
2. Doblegar al oponente, a ser posible en público.

¿Bonito? No. Pero ésa es la locomotora que mueve su tren, y debido a la gran discapacidad que sufren todos los grandes ejecutivos —la imposibilidad de ser otra cosa distinta de lo que son, en todo momento— ha conquistado gran parte del mundo. Y aún quiere más.

Y todo empieza con agresividad. En este momento estoy expresando mi agresividad al atacar a Sun Tzu por ser un estúpido y pomposo fanfarrón. Me estoy cargando su pasiva ecuanimidad oriental con rabia, con el puro músculo occidental. Porque ¿sabéis qué? Eso es lo que tengo. De hecho, eso es lo único que tengo.

Y no necesito entrenarme. No necesito formarme. Nací con ello. Y vosotros también. Porque no sois unos locos cobardes vestidos con una cortina. Sois.................... (escribid aquí vuestra nacionalidad, aunque seáis chinos).

Es como una vieja receta casera de toda la vida. Coraje. Voluntad. Cada nuevo capitalista que surge desde Pekín hasta Barstow desea ser agresivo, y un montón lo consiguen, son agresivos. ¿Os creéis que Mao se movía de puntillas como un monje contemplativo cuando salía a machacar a sus enemigos y beneficiar a sus amigos? De acuerdo, tal vez no tuviera demasiados amigos, pero tenía un montón de gente alrededor y a él le gustaba pensar que sí lo eran.

No. Mao, que creía que la revolución surgía del cañón de una arma, machacaba los tejidos blandos de cualquiera que se interpusiera en su camino. Excepto cuando huía, algo que tuvo que hacer cuando Chiang Kai-chek lo acorraló en el decenio de 1930. E incluso entonces lo hizo con gran talento; con una gran marcha, su ejército atravesó China de extremo a extremo para sobrevivir así y poder morir por él en cualquier otra ocasión.

De acuerdo, tú no tienes un ejército para emprender una gran marcha a través de China, pero ya sabes de qué te estoy hablando. Y si no lo sabes es porque, con toda probabilidad, eres un blandengue como Sun Tzu y los tipos tan impresionados con él de las academias militares de Wharton y West Point. Si es así, piérdete. No te necesitamos.

Los demás podéis seguir con el siguiente capítulo.

El arma nuclear es más efectiva cuando la haces explotar que cuando la usas para darle a alguien con ella en la cabeza

> Los mejores líderes destruyen los planes del enemigo. A continuación lo mejor es destruir sus alianzas. Entonces hay que acometer la destrucción de su ejército en el campo de batalla. Lo peor es atacar una plaza fortificada.
>
> SUN TZU

> Un puñado de soldados siempre es mejor que un bocado de argumentos.
>
> PROVERBIO DE G. C. LICHTENBERG (1700)

Cada batalla requiere su propia estrategia, y cada estrategia pide el arma apropiada. Sun Tzu se extiende a este respecto, pero siempre con planteamientos blandengues, como el de evitar una buena colisión frontal cuando puedas rodear una montaña y hacer un alto en el camino para tomar unas galletitas y una taza de té.

No tienes por qué ser tan paciente. Sé que yo no lo soy.

Tienes a tu disposición un buen surtido de armas que darán mejor resultado que quedarse sentado vestido de civil sin hacer nada para verlas venir.

La gráfica siguiente muestra la variedad de armas que están a tu disposición en una situación profesional típica y sus respectivos usos en situaciones de guerra en las que podéis encontraros habitualmente.

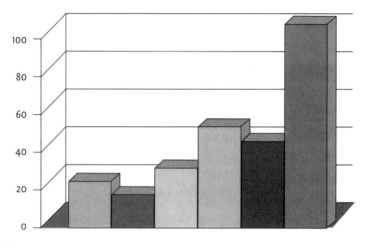

■ Cuchillos
■ Armas de fuego
□ Alabardas, espadas, otros objetos punzantes
□ Veneno
■ Embustes
■ Otras personas

Tal vez las cifras relativas al veneno os parezcan exageradamente altas, pero en esta categoría incluyo las bebidas alcohólicas, que en manos del guerrero astuto pueden destruir por completo al adversario predispuesto a morir así. Llévate a tu enemigo a Las Vegas la víspera de una presentación. Mantenlo despierto hasta las cuatro de la madrugada y asegúrate de que cuando se despierte aún esté borracho y que exude ginebra por todos sus poros.

La primera arma, por muy insustancial y poco con-

vincente que parezca, eres tú mismo. Por supuesto, conoces mucho mejor que yo cuál es tu situación particular,
pero tal vez te sirvan algunos consejos, basados todos ellos
en el mismo principio: una arma que resulte tremendamente efectiva para hacer volar un atolón tal vez resulte
una pérdida de tiempo cuando lo que hay que hacer es
pegarle un codazo al ojo a alguien.

Arma	Para utilizar contra	No aconsejable contra
Sarcasmo	Compañeros; gente que quiera quitarte el negocio y esté dispuesta a todo para conseguirlo; amigos	Directivos con mal carácter y una elevada opinión de sí mismos
Mala educación, sin más	Subordinados; gente que te odia y que no te importa un pimiento, directivos a punto de dejar un puesto que tú codicias; Donald Trump	Los mandamases; los viejos republicanos; gente con la que quieres tener tratos; hombres de negocios japoneses

Arma	Para utilizar contra	No aconsejable contra
Mentiras	Competidores; compañeros a los que quieres arrebatar su parcela de influencia; gente del sexo contrario a la que no tienes intención de volver a ver, ni aun accidentalmente; gente a la que amas u odias, por lo general con distintos propósitos; a cualquier abogado, excepto al tuyo	Colegas (salvo que ellos lo hayan hecho antes); gente cuya opinión te importe; instituciones como el Ministerio de Hacienda, la Comisión de Control del Mercado de Valores o la Asociación Protectora de Animales
Doblez	Cualquiera	No aplicable
Gritar, pegar brincos, dejarse caer, patear y pisar con fuerza y otras demostraciones de un mal genio narcisista	Prácticamente cualquiera que sea incapaz de defenderse; directivos amenazados por alguna adquisición y preocupados por su futuro tras la fusión; otras víctimas igualmente patéticas	Tu jefe, el jefe de tu jefe y el jefe de éste, el jefe de cualquiera, Donald Rumsfeld (le daría igual)

Arma	Para utilizar contra	No aconsejable contra
Puños	Aquellos que sean más débiles, viejos o enfermizos que tú (establece antes cuál es su estatus); periodistas	Aquellos que sean más fuertes que tú, quejica
Verdad	Amigos, la gente a la que quieres, aquellos en quienes confías	Cualquier otro

Es obvio que hay muchas otras maneras de perjudicar y dominar a los demás aparte de las aquí expuestas. Contra aquellos que se deleitan con el amor y las atenciones funcionan muy bien las palabras bonitas y los regalos delicados. Para conseguir concesiones de los patanes cuya cuenta de gastos está sometida a un férreo control sirve una buena y abundante cena. Y así sucesivamente.

El bastón, en cambio, es menos efectivo que el arma nuclear cuando se deja caer desde una altura de varios kilómetros

Colócala bien. No queremos que cuando salga del lavabo lo único que sostenga en la mano sea su miembro.

SONNY CORLEONE

Lo único peor que pecar por exceso es pecar por defecto; por ejemplo, si no matas lo suficiente a alguien no lo habrás matado. Y que no esté muerto significa que es peligroso. Así que, ¿qué harías si tuvieras que decidir entre pecar por exceso o por defecto? Ya sabes qué camino seguir.

Abundan los ejemplos de contrincantes a los que no se ha matado lo suficiente y vuelven para causar problemas. En esta categoría incluyo:

Al padre de Hamlet: volvió como fantasma e impresionó tanto a Hamlet que cuatro horas y cinco actos más tarde mató a su tío, con lo cual echó a perder sus posibilidades de ser rey y dejó a los daneses en manos de un aburrido grupo de noruegos, que normalmente no sale en la obra.

A Napoleón: ya vencido, lo mandan a la isla de Elba. Pero vuelve para provocar nuevos y gloriosos derramamientos de sangre. Deberían haberlo matado por completo la primera vez.

A Donald Trump: no hay manera de tumbar a este incompetente.

Martha Stewart: volverá. Cuenta con ello.

De modo que cuando pienses qué harás para seguir adelante y terminar las cosas, procura siempre pecar por exceso y dejar bien muerto a tu oponente. Te alegrarás de haberlo hecho.

El tamaño sí que importa

¿Llevas una pistola en el bolsillo o es que
te alegras de verme?

MAE WEST

Existe un impresionante número de mentiras bien conocidas en el mundo civilizado, incluso más allá. «Acabo
de mandarle el cheque por correo», por ejemplo, es una
vieja excusa que aún se usa en todas partes y que casi siempre esconde una mentira. Hay muchas más, incluidas
aquellas relativas a las interacciones entre seres humanos
y que no puedo citar aquí por miedo a que no me ven-
dan el libro en Wal-Mart.

Vale la pena profundizar en este tema. Podría contar
aquí un chiste verde, no uno malo, os lo aseguro, sino uno
que probablemente os haría reír. Pero entonces no me ven-
derían el libro en Wal-Mart, y para deciros la verdad, no
vale la pena pagar ese precio a cambio de que os riáis un
poco.

Porque es grande. Wal-Mart. Y no sólo eso, es muy
grande. Y ellos lo saben.

No hay nada malo en ser grande. Mick Jagger sabe
que es grande. Jeff Immelt sabe que gobierna una gran
corporación. Y no importa en qué hoyo del campo se
encuentre Tiger Woods: es grande. Estos tipos caminan

a lo grande, hablan a lo grande. Representan su papel, porque ser así no tiene ninguna desventaja. Y se sirven del poder que les otorga el sentimiento de que, con el tiempo, serán suficientemente grandes.

Hay gente que argumenta que el tamaño no importa. Lo cual no es del todo cierto. El tamaño, en cifras, tal vez sea una consideración menor. Pero la habilidad de crecer en cualquier ocasión es el factor más crítico en la guerra.

Pero no te desesperes si eres pequeño. Hay cosas que debes saber y cosas que puedes hacer para convertirte en alguien mayor.

Lo primero, respira profundamente y relájate. Eso está mejor. No hay nada que hacer cuando se está demasiado tenso.

Ahora estírate. No, no estoy hablando de eso. Me refiero a hacer un esfuerzo, conocer a gente. Acepta nuevas tareas. Evita la tentación casi inexorable de ponerte límites. La organización quiere moldearte, definirte, encasillarte. Recházalo completamente. Preséntate en lugares donde no te esperen, con la oportuna autorización, por supuesto. Se trata de hacer acto de presencia en los lugares donde suceden las cosas, aunque no sean de tu incumbencia. Habla cuando te hablen, y consigue que la gente te valore, que desee tenerte a su lado. Si ves una oportunidad, aprovéchala: «Aquí estoy yo», y la gente dirá: «No tenía ni idea de que Bob fuera capaz de algo así.» Si tú eres el tal Bob, eso será bueno para ti.

La anchura es aun más importante que la altura, lo creas o no, de modo que ensánchate. Si eres empleado, se espera de ti que desempeñes determinada función. Tendrás que ir más allá de esa función y mostrarles a todos que eres tan ancho como largo, tal vez incluso que tu anchura compensa la ausencia de altura. Si tienes fama de que te gustan los números, sorpréndelos con una amplia base humanística, por ejemplo. No te preocupes si careces de ella. Nadie la tiene. Lee un libro acerca de alguien famoso y ponte a hablar de él en alguna reunión. Ve al teatro. Tal vez halles así una manera distinta de entretener a tus compañeros que no sea contarles una atroz historia de golf.

También la profundidad forma parte integral de las dimensiones que deseas alcanzar. Los grandes atletas juegan con las emociones. La verdad es que muchas de ellas surgen de su inquebrantable fe en su yo mitológico... bueno, ¿y qué? Si les funciona...

Anchura. ¿Con todo esto? Tienes que hacer que parezca fácil. Ponte a andar cuando los demás echen a correr. Respira profundamente cuando los demás jadeen.

Infligir dolor (sin que la culpa te paralice)

> A un pueblo invadido no hay que dejarle nada, salvo los ojos, para que pueda llorar.
>
> OTTO VON BISMARCK

Toma asiento. Éste va a ser un capítulo muy técnico.

Salvo que el tuyo sea un negocio altamente especializado, habrá armas que no estarán a tu alcance en el proceso de infligir dolor a los demás. Poco va a utilizar una porra de policía, por ejemplo, cualquiera que sea un poco serio y que busque la excelencia en pleno siglo XXI y más allá. Las arañas capaces de trepar por la cama de tu adversario y picarlo hasta que grita «¡mamá!» y «muere» son difíciles de encontrar. Y no es una opción realista cortarlo en dos con un láser.

Quienes trabajéis para el gobierno, para las fuerzas del orden o para agencias de seguridad privadas tal vez tengáis a vuestra disposición alguna extremaunción especial. Pero la mayoría de nosotros deberemos conformarnos con menos.

Con todo, las herramientas que tenemos a nuestra disposición la mayoría de nosotros, sujetos no del todo sociópatas, son numerosas, ricas y muy satisfactorias cuando se utilizan con clase.

- **Insultar.** Trabajé con un tipo gordo y muy mezquino que había escalado puestos en determinada corporación cuyo nombre no citaré, aunque es muy probable que tú hayas comprado sus acciones o, en cualquier caso, lo haya hecho tu madre o su fondo de pensiones. Con este tío ocurría que si le presionabas un poquito más de la cuenta él te respondía con algo que hería tus sentimientos. «¿Dónde está escrito que tengas derecho a interrogarme con esta mierda?», murmuraba mientras se recostaba en su sillón y me miraba desde detrás de unas cejas pobladas como las de un comisario soviético. «Jodiste bien las cosas la semana pasada con el asunto Leventhal.» E invariablemente soltaba estos comentarios delante de alguien, ante el cual yo no podía tomar represalias. No es que me desmoronara sobre la moqueta o tuviera que tragarme mis saladas lágrimas, no. Pero era un golpe, un golpe bajo, y aún ahora, cuando pienso en él, me entran ganas de tirar de sus calzoncillos hacia arriba.

No suelo ir por ahí insultando a la gente. Es una arma tosca, de escaso alcance, y demasiado personal para mi gusto. Además, con los insultos anuncias cuáles son tus intenciones y eso poco tiene que ver con una buena estrategia. Y, por último, en realidad no hiere tanto al destinatario para justificar el riesgo implícito de un ataque tan poco sofisticado.

Prefiero con mucho lanzar un ataque a larga distancia con armas de precisión, a ser posible con recursos de alta tecnología que sean divertidos de utilizar. Si por alguna razón insulto a alguien, lo cual, como digo, no es habitual, prefiero hacerlo a sus espaldas, por un buen número de excelentes razones que estoy convencido de que imagináis.

• **Incitar.** La gente, como ya he dicho antes, suele mostrarse bastante insegura. Siempre es posible incitar a tu adversario para que siga un mal consejo o, en caso de un enemigo declarado, que haga algo que demuestre que es tan estúpido como te propongas. La incitación tiene mucho éxito y resulta muy apropiada cuando tu adversario se encuentra sobre una tabla clavada en la borda y sólo necesita un empujoncito para caer al agua.

• **Golpetear con el dedo.** Es una técnica distinta, más agresiva, que la incitación. Los golpecitos dados con el dedo índice duelen y, por consiguiente, sólo deben utilizarse con subordinados, vendedores y otros que sean más débiles que tú y que no estén en condiciones de devolverte los golpes. Hay varios lugares en los que es posible aplicar los golpecitos con el dedo para obtener buenos resultados, aunque en todos los casos existe el riesgo de una represalia inmediata:

Golpecitos con el dedo: eficacia y riesgo de represalias

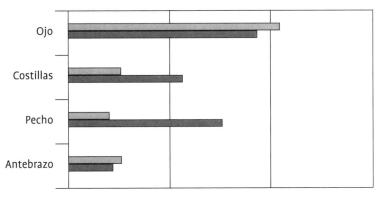

• **Dar patadas.** Sólo hay dos clases de patadas para el guerrero corporativo:

— En la cara: mientras el otro tipo yace en el suelo e intenta cubrirse;

— En el trasero: para obligarlo a moverse en la dirección que se desea.

Patear a alguien es muy grosero y degradante; por consiguiente, esta técnica sólo debe utilizarse cuando se haya desvanecido cualquier esperanza de paz para el futuro o si estás de muy mal humor y tienes enfrente a alguien que pretende obtener algo de ti a la larga. Sea cual sea la patada, la elección del calzado es de suma importancia. Una patadita con una buena bota hará sentir peor al que la recibe que un patadón con unos mocasines.

• **Provocar.** Mucho más que en incitar o golpetear con el dedo, en la provocación hay un elemento de burla que conduce al sujeto provocado a un terreno muy poco útil para su causa. En la década de 1990, la revista *Fortune* provocó de mala manera al presidente de IBM, Lou Gastner, con una serie de artículos en los que se afirmaba que era un gruñón susceptible y un abusón. Y eso enfureció tanto al jefe de esta multinacional que canceló durante algunos años toda la publicidad con la revista, con lo cual le daba la razón. Estamos, por supuesto, ante un caso de provocación, pero también ante la demostración de lo pírrica que puede resultar una victoria cuando se provoca a la instancia equivocada. Estoy convencido de que la revista *Fortune* hubiera preferido tener razón *y* mantener al mismo tiempo los ingresos por publicidad.

• **Socavar.** Como ya he dicho, tenemos que convivir con los demás en el lugar de trabajo. Podemos desplegar determinadas armas, como incluir plomo en el agua de beber con la esperanza de obtener algún resultado en un futuro lejano. En la administración Bush quedó claro desde el principio que el Secretario del Tesoro, Paul O'Neill, no encajaba demasiado bien en la cultura de la Casa Blanca. Para ponerlo en jaque y marginarlo, la administración socavó su posición mediante distintos tipos de recortes, hasta que al final resultó obvio que no era bien recibido en los gabinetes de guerra y se marchó. Socavar la posición de cualquiera lleva tiempo y requiere habilidad y, sobre todo, paciencia. Veámoslo:

Eficacia de la labor de zapa en el tiempo

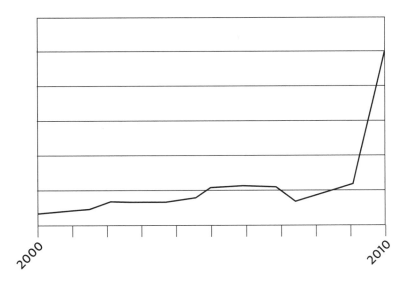

• **Humillar en público.** Se trata de una tortura particularmente efectiva en determinadas culturas, como la de General Electric y sus filiales. Es un retorno a las filosofías empresariales del «palo y tentetieso» de la década de 1930 y años posteriores, tan influidas por la prevalencia y el éxito de los sistemas totalitarios de aquella época; se trataba de desarrollar métodos de gestión duros y dinámicos con líderes capaces de obtener resultados similares a los de Lenin, Stalin, Mussolini, Henry Ford, Louis B. Mayer y muchos otros.

Esta táctica está muy mal vista en la actualidad en muchas compañías, se la considera irremediablemente anticuada. Si a uno lo identifican con este modo de actuar, lo más probable es que se vea solo en la calle mientras los demás toman unas copas con los colegas en el bar.

• **Apabullar.** Al alcance sólo de directivos con experiencia y gran caja torácica. No hay nada más patético que ver a un enano tratando de apabullar a un toro bravo. Si no das la talla, no te presentes a la batalla.

• **Arrasar.** Apropiado contra informes, más que contra personas. Tiene que darse un amplio consenso entre las tropas y un esfuerzo coordinado para barrer cualquier oposición. Exige no sólo buenas dotes de liderazgo, cosa que a estas alturas quizá no tengas todavía, sino también una máquina adecuada a este propósito y la cooperación de terceros. Por esta razón, los mediocres y chapuceros prefieren pequeños objetos toscos, a veces afilados, que hacen el trabajo más rápido y con mayor eficacia y no exigen el concurso de otras personas, que podrían dejarse convencer o manipular.

• **La táctica del hambre.** Útil para supervisores y ejecutivos de departamentos financieros, que no sientan remordimientos a la hora de retener fondos a otras personas o a proyectos que desprecien. Táctica muy eficaz contra la cuenta de gastos de algún enemigo interno, al que se obliga a mendigar entre sus compañeros durante semanas, mientras se le retienen los cheques, por pequeños que sean, como le ocurrió a mi amigo Dworkin, el editor de este libro.

Otras tácticas para quienes no suelen ir por la vida cargados con un lanzallamas serían: dar de latigazos, desollar, quemar su foto en la revista de la empresa, colocar al enemigo en una situación en la que los demás puedan reírse, pegarle un grito por sorpresa, chillar y exhortar, trasladarlo a un lugar remoto, frío y desalmado como Dubuque en invierno.

En el extremo más dramático de este abanico de posibilidades tenemos las grandes armas emocionales que, a la postre, son las más efectivas. Sirven tanto para los enemigos internos como para los externos a la empresa, y siempre alcanzan su objetivo. Por supuesto, estoy hablando de la cuchillada en el corazón y el infalible tiro en la cabeza. La primera incapacita al adversario al darle a entender que, esté donde esté, su espíritu no está con él. El efecto de la segunda es demasiado obvio y no requiere mayor explicación. Es difícil ponerse a trabajar sin cabeza, aunque Westinghouse lo hiciera durante un par de decenios.

Y ahora ¿qué?

> ¡Una vez más en la brecha, queridos amigos!
>
> ENRIQUE V

Ya estás armado, y eres peligroso. Tienes las características de un comando y estás preparado, al menos, para probarte en el campo de batalla. Con todo...

Con todo... eres un blandengue. No pasa nada. Todo el mundo, excepto los locos, lo son al principio. Pero pronto, no obstante, tendrás que ponerte manos a la obra.

Piensa en guerras y otros graves conflictos en el mundo de los negocios, en el de la política, en el arte. Los vencedores son aquellos que más disfrutan peleando. Tú quieres ser así, pero te cuesta. Te lastra, ¿verdad?, eso que a falta de una palabra mejor yo denomino como humanidad. Esta humanidad la conforman distintos elementos, discretos y mesurables:

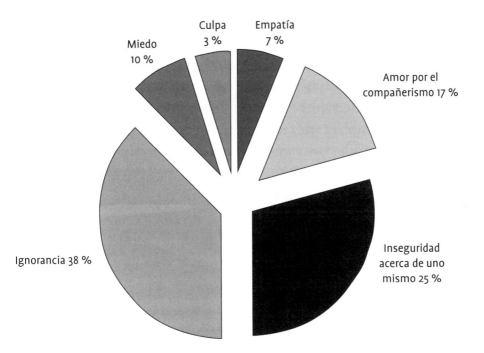

Este gráfico recoge los elementos, en una estimación porcentual, de lo que defino como «humanidad común».

• Empatía por otros que no sean tú (7 por ciento): es muy difícil de fingir, y si no la sientes estarás en una tesitura mucho mejor para los propósitos de los que estamos hablando. Con todo, seguramente albergarás ciertos sentimientos hacia otras personas, como la mayoría de nosotros. Tienes que hacer algo al respecto; no de inmediato, quizás, pero el tiempo pasa y esto supone una carga para ti.

• Amor por el compañerismo (17 por ciento): también te supondrá un problema si pretendes moverte ligero y utilizar la estrategia de la tierra quemada.

• Inseguridad acerca de uno mismo (25 por ciento):

la gente normal es muy insegura. Los pocos afortunados que no se dejan asaltar por las dudas inevitablemente resultan vencedores en cualquier conflicto. Son incapaces de verse en una situación en la que no salgan vencedores, de modo que siempre ganan, a pesar del hecho de que a menudo son inferiores en muchos aspectos a los perdedores. Los guerreros mentales duermen como bebés. Tú, por tu parte, te despiertas en mitad de la noche torturado por un gas venenoso procedente de tu imaginación. Temes no estar a la altura de las circunstancias, sospechas que eres un fraude y que de algún modo llegará a saberse. Cuando lees los periódicos y ves que alguien ha quedado retratado como un idiota, te alegras porque ese incauto no has sido tú. Aún no.

• Ignorancia (38 por ciento): reconócelo, no sabes nada de la mayoría de las cosas. El mes pasado pusiste sal en lugar de azúcar en el pastel que estabas elaborando. Te equivocaste con la chaqueta deportiva o con la bufanda y fuiste todo el día sin conjuntar. Alguien se puso a hablar de un misterioso dossier normativo del que se suponía que tú debías estar al corriente y no lo estabas, y todo el mundo se enteró. ¡Idiota! ¡Has hecho el ridículo!

• Culpa por haber hecho cosas malas (3 por ciento): los guerreros de éxito soportan una carga manejable de culpabilidad. Y es así porque han establecido una pequeña sinapsis en su cerebro que, cuando están haciendo algo malo, les dice que es correcto, porque de algún modo todo lo que hacen lo es, simplemente, porque son ellos quienes lo hacen. Lo más probable es que tú no tengas permanentemente conectado este botoncito, aunque quizás hayas sentido el estremecimiento que produce... cuando sales de tu ciudad o te emborrachas en cualquier sitio o te encuentras en una situación profesional de irreductible poder...

La buena noticia es que puedes liberarte del sentimiento de culpa por poco que te pongas a ello. La gente ha hecho cosas terribles desde el alba de la prehistoria porque creía que hacía lo correcto. Por ejemplo:

- Caín dando buena cuenta de Abel
- Las Cruzadas
- La esclavitud en América
- Terroristas suicidas internacionales (una revisión de las Cruzadas)
- Michael Jackson y sus invitaciones a niños a pasar la noche en su casa

...y tantas otras horribles cosas, desde linchamientos para proteger la virtud de las mujeres sureñas al asesinato de obreros en huelga en manos de filántropos tan importantes como Andrew Carnegie y Henry Frick o el caso de los tipos que pilotaban los aviones que se estrellaron el 11 de septiembre... y en todos los casos los perpetradores creían actuar correctamente. Las peores cosas no las hacen quienes creen que están actuando mal, sino aquellos que están convencidos de que Dios está con ellos.

Es posible que todavía no hayas desarrollado esta capacidad. Lo conseguirás si estás dispuesto a erradicar de ti esa floja y resbaladiza cualidad excesivamente humana. No te preocupes. Te sentirás mejor cuando todo haya terminado.

CUARTA PARTE

Sofocar el espíritu blandengue

Si no supone una ventaja para ti, no lo
hagas.

SUN TZU

Sé mi hermano, o te mataré.

SEBASTIEN-ROCH NICHOLAS
DE CHAMFORT, en tiempos
de la Revolución francesa

Cuanto más furioso, más imbatible

¡Eh, tú! Te mataré.

Moe Howard

Me gustaría en este momento traer a colación la famosa comedia norteamericana *The Three Stooges*. Comprendo que hacerlo me hará pasar por anticuado, porque las mejores obras de estos cómicos estadounidenses datan de las décadas de 1930 y 1940. En la de 1950 no eran más que sacos de odio, viejos gordos que se sacudían tortazos y se gritaban los unos a los otros. No sé si será tu caso, pero a mí los usos y las costumbres de mi corporación me han divertido mucho más.

En sus inicios, los hermanos Howard y Larry Fine, integrantes de *The Three Stooges*, encarnaban la hostilidad, la agresividad y la mutua dependencia que caracterizaban cualquier familia, incluidas aquellas que se forman en el puesto de trabajo, por muy temporales que sean. En cada guión, un tipo de lo más bruto, mediocre, ofensivo y malcarado era el encargado de dirigir al grupo e imponer una disciplina que se caracterizaba por ser excesiva, pasional e irracional siempre que fuera necesario para obtener resultados.

El mundo de los Stooges, aunque a una escala devaluada, nos recuerda aquellos otros en los que muchos de nosotros hemos trabajado para ganarnos la vida. A estos tres personajes se les asignaban tareas para las cuales no estaban cualificados, básicamente porque eran unos mandados, unos pringados, valga la expresión. Con todo, solían salir adelante, porque la alternativa era pasar por el muy desagradable infierno que les montaban sus jefes (o sus esposas). Al final conseguían acabar la tarea, sobre todo gracias a que el más agresivo de ellos —Moe, que lucía un corte de pelo y un bigotito que recordaban a Charles Chaplin y a Adolf Hitler— los provocaba, los amedrentaba y abusaba físicamente de ellos en la medida que lo requería la tarea a realizar. Muchas veces fracasaban, por supuesto, y de algún modo todos ellos pasaban entonces por su particular calvario.

Lo importante de la historia era el modo en que estos pringados sufrían —la atmósfera en que vivían rebosaba ansiedad— y la rabia y el miedo omnipresentes que los espoleaban para salirse con la suya a pesar de su estupidez.

Los subordinados —Larry, Curly, Shemp y el deprimente Curly Joe— sufrían directamente en manos de su superior, Moe. Y él, por su parte, recibía sin querer algún que otro golpe de tablón o de cualquier otra cosa. La cuestión es que, incluso cuando no resultaba herido, solía vivir en un permanente estado de frustración, como ocurre con muchos altos ejecutivos. La frustración lo llevaba entonces a un círculo vicioso y el hombre se expresaba con tanta furia que parecía a punto de sufrir un derrame cerebral. He visto a ejecutivos en situaciones similares más veces de las que puedo contar. Vi a uno con tal expresión de locura que creí que sus globos oculares iban a estallar en su cara como le ocurrió a Ronny Cox al final de la película *Desafío total.*

Estas situaciones son demasiado frecuentes en nuestros trabajos como para no tenerlas en cuenta como guerreros que somos. Las conclusiones que podemos sacar, incluso aquellos de vosotros que no os consideréis unos pringados, son sencillas, sí, pero importantes.

1. Sin dolor no hay beneficio. Cualquier transacción en la que intervenga un estúpido sólo llegará a buen puerto con una incalculable cantidad de sufrimiento, lo cual nos resulta divertido porque el sufrimiento no es nuestro, aunque nos recuerda situaciones del pasado.

2. Hay un tremendo poder en la rabia.

Es esta última cualidad —la capacidad de generar y actuar a partir de un gran chorro de rabia— la que marca la diferencia cuando llega la guerra. Los guerreros que no luchen con rabia están perdidos. Lo contrario opina el blandengue de Sun Tzu, quien aconseja sabiduría y cordura, y reprende al general iracundo con la amenaza de una abyecta derrota.

Además de paciencia y un hígado a prueba de bombas, el mejor atributo del que puede vanagloriarse un guerrero es su ira. En el mundo de los negocios, el contendiente que lucha sin ira está en clara desventaja. Las armas que se utilizan en estas contiendas siempre son violentas, y sólo hallan descanso cuando patean la cara que acaban de separar del sangrante cráneo del despreciable adversario.

Disponemos de un numeroso grupo de personas en las que podemos inspirarnos:

Jefes furiosos actuales y del pasado

Jefe	Origen de la furia
Dios	Sodoma
Atila, el uno	Los que no eran unos
Ricardo Corazón de León	Los infieles
Henry Ford	Los sabios de Sión, Chevrolet
Joseph Stalin	Leninistas revisionistas, trotskistas, sindicalistas
Douglas MacArthur	Comunistas, japoneses, chinos y coreanos, Harry Truman
Richard Nixon	Los enemigos
Walter Yetnikoff	Lawrence Tish
Rupert Murdoch/ Ted Turner	El uno por el otro
Familia republicana EE. UU.	Las felaciones al presidente
Michael Eisner	Jeffrey Katsenberg, Roy Disney, los niños que no van a ver sus películas, muchos de sus accionistas, los sentimientos poco claros acerca de Michael Ovitz, los tipos de Pixar, por el momento
Martha Stewart	Los mal trajeados
Jack Welch	Los imbéciles que cuestionan su gestión empresarial
Congreso	Los programas de televisión basura

Piensa en tus jefes. ¿No parecen siempre ocupados con algo, a menudo bastante estúpido y en apariencia intrascendente? La verdad es que no importa qué los ponga furiosos. Esa furia sirve para mantener engrasados los engranajes de la guerra.

Adelante. Busca en tu interior. Y si eres sincero contigo mismo y paciente para aguardar a que aparezca por sí mismo, sin importar cuán tarde lo haga, al final encontrarás el botón.

Encuentra tu botón

No puedes tocarlo.

M. C. HAMMER

Todo el mundo tiene un botón. El problema con el tuyo es que está flojo.

Tal vez hayas leído demasiadas tonterías acerca de lo mala que es la rabia, o tal vez seas un moderado por naturaleza. Sea como sea, tienes billete para el tren de las 4.19 horas hacia el desastre a menos que te pongas duro y empieces a calentar motores a la espera del enfrentamiento.

En el capítulo anterior te ofrecí algunos ejemplos que pensé que te ayudarían a alcanzar el estado de irritación necesario para la guerra, aunque no te conozco de nada y, francamente, tampoco tengo ningún interés. Confío en que a estas alturas habrás escogido ya una excusa para liberar tu furia. Y si no, deberías hacerlo.

Si no encuentras ninguna, prueba esto: «Cualquiera que se oponga a mí en cualquier aspecto, por pequeño que sea.» Le ha funcionado a un montón de gente de éxito. Muchos de los grandes tipos que conozco no necesitan más que una pequeña observación negativa en un periódico para excitarse durante tres o cuatro horas. Tendrías que ser como ellos.

Cuando ya dispongas de una excusa que te saque de tus casillas deberás hacer lo que hacen los guerreros, es decir, convertir esa mala sangre en una brasa incandescente que sólo se sofocará con la muerte de tus enemigos.

Lo conseguirás mediante un programa de cinco pasos para el manejo de la ira... aunque no en el sentido tradicional del término, por supuesto. En tu caso se trata de manejar la ira para potenciarla, para utilizarla así como una arma en sí misma y como combustible para otras que resultarían bastante inútiles sin ella.

PRODUCIR FURIA. PROGRAMA EN CINCO PASOS

PASO UNO. **Reflexionar.** Ya has reflexionado bastante cuando tratabas de dar con las cosas que te sacan de tus casillas. Pero no te quedes sólo con una cosa. Los blancos de tu furia son como las patatas fritas: una vez que las pruebas no puedes parar de comerlas. El flujo de adrenalina y bilis que te proporciona un buen arrebato de furia crea adicción y, al igual que ocurre con cualquier otra sustancia adictiva, desarrollarás cierta tolerancia y una mayor necesidad a medida que te habitúes a las dosis pequeñas.

Nota. El mejor momento para la reflexión es a última hora de la noche y primera de la mañana. De este modo te cargarás para un nuevo día de ira sin dejar de lado tus obligaciones guerreras cotidianas.

PASO DOS. **Macerar.** Una furia decente empieza con poca cosa y crece y se enriquece a medida que con el tiempo se macera en tu interior. La reflexión de la que hablábamos en el paso anterior hará que dispongas de ella, que se moverá dentro de ti buscando la oportunidad de entrar en acción. Pero si la sueltas antes de hora te sabrá como el fruto verde, será difícil de masticar y te repetirá. La furia inmadura resulta estúpida, se expresa en actos de una fuerza violenta imposible de mantener con el tiempo. Debes cultivar la furia auténtica, la útil, aquella capaz de acallar al blandengue que hay en ti, y evitar expresarla antes de tiempo.

Entre los fluidos apropiados para macerar tu furia encontramos los siguientes:

- Bilis
- Sangre
- Vodka, whisky escocés, ginebra, otros licores
- Leche con la suficiente cantidad de café exprés

PASO TRES. **Frustración.** Los guerreros de primera división suelen moverse constantemente en un estado de gran irritación. Y es así porque siempre disponen de distintas categorías de ira, en distintos estados de maceración. Algunas ya están muy rollizas y a punto de explotar. Otras siguen su andadura inmersas en la solución de maceración. Las que ya están casi maduras empiezan a echar los dientes y a babear, ansiosas por entrar en acción.

El problema de ir por ahí con demasiada frustración sin elaborar es que te convierte en un estúpido. Los síntomas de una frustración crónica incluyen irritabilidad hacia las personas equivocadas, violencia contra quien no se lo merece, aumento del consumo de alcohol, gritos irracionales, patadas a la mascota de la familia o a los repartidores a domicilio, conducción furiosa, etc.

Si bien es aconsejable cocer a fuego lento algo de frustración para alimentar tu espíritu guerrero, deberás controlar el exceso porque de otro modo no harás nada de bueno.

PASO CUATRO. **Maquinar.** No me gustaría que pensaras que la guerra es algo deprimente. No lo es. La mayoría de las veces resulta incluso muy divertida, sobre todo para los generales. Muchos de los que estáis leyendo este libro sois sadomasoquistas y habéis disfrutado con los pasos del uno al tres. Pero la fase más enrollada viene ahora, cuando empiezas a establecer un plan, a provocar, engatusar, organizar y definir la auténtica campaña contra el enemigo.

Este paso es tremendamente importante. Quienes decidan pasar directamente del paso tres al cinco se van a encontrar con que sostienen el petardo por el lado equivocado, sea éste el que sea. Planificar también es muy importante para conservar esa furia tan necesaria para acallar el blandengue que hay en ti. La mayoría de vosotros sois gente relativamente cuerda a la que le cuesta mantener el nivel apropiado de rabia asesina. Con el tiempo se tiende a ser menos agresivo, a perdonar que la gente se haya pasado contigo y a desear que te perdonen por pasarte con ellos, cosas de éstas. Lo cual tiene una incidencia directa y negativa en tu capacidad para alcanzar el éxito en tiempos de guerra.

Aumento de la furia en el guerrero... y consecución del éxito

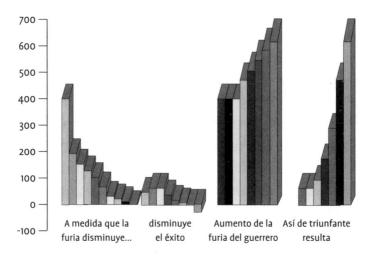

La única manera de mantener una carga adecuada de furia a lo largo del tiempo, sobre todo cuando los asuntos adquieren su dimensión correcta —como ocurrirá a la mayoría de la gente cuerda—, consiste en tramar e intrigar y, por lo demás, entretenerte con guiones que incluyan la destrucción de tu enemigo. Mientras lo planifiques todo, ten siempre presente que cuanto mejor sea el plan, mejores serán las posibilidades de éxito.

PASO CINCO. **Masticar, defenestrar, devastar.** Es la parte más dura. Los detalles de una auténtica guerra son horribles e implican un sufrimiento tremendo, incluso para ti, a pesar de lo afortunado que seas, de tu visión de futuro y de lo poco que te importen los sentimientos de los demás y lo preocupado que estés por ti mismo, como debe ser. Dentro de poco hablaremos de los verdaderos términos del compromiso, pero si no eres capaz de mantener una buena dosis de rabia en lo más intenso de la batalla, las repercusiones para ti serán espantosas, porque perderás determinación, el buen tipo y, lo peor de todo, cabello.

Los verdaderos guerreros conservan su rabia simplemente pensando hasta qué punto son temerarios sus enemigos por enfrentarse a ellos. Asimismo, alimentan heridas y agravios más allá de su dimensión real porque eso les da poder.

Olvídate de la compasión

El día que ordenan a sus hombres iniciar
la batalla, las pecheras de los oficiales están
húmedas de lágrimas, excepto las de aquellos que están recostados, cuyas lágrimas
mojan sus mejillas.

SUN TZU

¡Lloro por vosotras!, gemía la morsa.
¡Cuánta pena me dais!
Y entre lágrimas y sollozos escogía
las de tamaño más apetecible;
restañaba con generoso pañuelo
esa riada de sentidos lagrimones.

¡Oh, ostras!, dijo al fin el carpintero.
¡Qué buen paseo os hemos dado!,
¿os parece ahora que volvamos a casita?
Pero nadie le respondía...
y esto sí que no tenía nada de extraño,
pues se las habían zampado todas.

LEWIS CARROLL

En el fondo no basta la rabia para aplastar el espíritu que
habita en todos los pechos, excepto en los de los más sanció-
patas. Como dice el listo de Tzu, resulta difícil para los
oficiales mandar a sus tropas a la muerte. Lo es para aquellos que se sientan con sus pecheras húmedas. Y también
para aquellos otros que se tumban y manchan sus pobre-

citas mejillas. Lo cual no basta para impedirles que transmitan sus órdenes.

Tampoco debería impedírtelo a ti.

Si deseas disfrutar de una vida guerrera no podrás derramar lágrimas saladas y amargas cada vez que abras una ostra.

Incluso los generales tienen que comer.

Disfruta con su debilidad: una pequeña encuesta

Ahora no hablas tan alto.
Ahora no pareces tan orgullosa...
de tener que mendigar tu próxima comida.
¿Qué tal te sienta?

BOB DYLAN
Like a Rolling Stone

PREGUNTA: Cuando ves a alguien más patético que tú, ¿cuál es tu reacción?

a) *¿Te sientes mal por él y procuras ayudarlo en su camino de espinas?* Los tipos de Enron debieron de sentir algo parecido hacia sus jefes y sus accionistas, porque sabían lo podrida y fraudulenta que era su compañía y no hicieron nada para remediarlo. Lo hacían por sí mismos. Lo cual seguramente supuso una carga y hoy se sentirán mal por ello.

b) *¿Comprendes que los negocios son los negocios, pero haces lo que esté en tu mano para ayudar con un par de billetes si tienes la oportunidad?* Cuando hace un par de años mi compañía se desprendió de la división de fresadoras, un buen número de directivos de nivel medio quedó en la calle. Con todo, cuando ya se iban consiguieron algunos regalos de lo más vistosos.

c) *¿Ves sus puntos fuertes e intentas convertir ese homúnculo balbuceante en un amigo y un aliado?* Puede hacerse.

Jack Welch vio algo en Jeff Immelt que le llamó la atención. Howard Stringer incluso vio algo en Andy Lack.

d) *Compruebas si se trata de un amigo o de un enemigo.* Si está en zona verde, lo apuntalas, pero no hay nada más interesante que encontrar un pardillo, en cuyo caso darás gracias a Dios por mandarte a un estúpido como enemigo.

RESPUESTA:

a) Eres un idiota.

b) Trabajas en Recursos Humanos.

c) Te has dejado en el buzón de casa tu suscripción a la *Harvard Business Review.*

d) Bingo.

Desbaratar una acción

Aguarda el caos con calma, prepárate en silencio para el fragor. Así tu espíritu estará en orden.

SUN TZU

Sólo una de tus pelotas, Smitty. Puedes vivir sin una de ellas. Por eso te dieron dos.

LEE MARVIN
The Big Red One

Hay un montón de estrategias de acecho en *El arte de la guerra* original. Los generales evalúan. Las tropas buscan por todas partes el lugar adecuado para aguardar y estar al acecho. Y al final atacan, pero sólo si consideran que la victoria está asegurada según distintos criterios.

Pero estar al acecho tiene sus limitaciones.

Efectos colaterales de estar demasiado tiempo al acecho

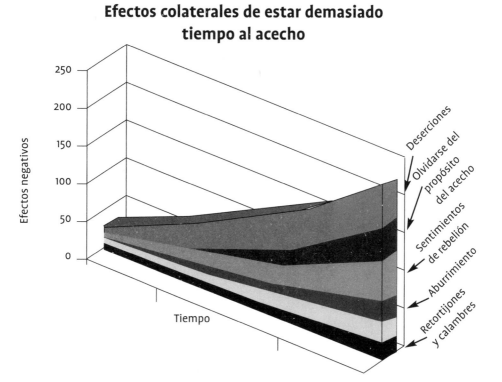

Pero lo peor de todo, quizá, sea que una estrategia basada en esconderse, acechar y merodear sirve para reforzar el débil espíritu blandengue que hay en ti. Lo cual no significa necesariamente que a la larga no seas capaz de luchar. Significa que esperarás que las cosas sigan su curso antes de preparar tu mente para que actúe. Desarrollarás cierta predilección por la inactividad que se alimenta a sí misma y te convertirás en uno de esos tipos que necesitan el permiso de la empresa para rascarse. Cualquiera que haya tenido tratos con ejecutivos japoneses (excepto con los de más alto rango) o la gente de desarrollo de HBO reconocerá este fenómeno.

En lo más alto de estas organizaciones hay uno o dos guerreros, que son los que toman las decisiones. En puestos intermedios, en fin, resulta difícil imaginar lo que esa gente hace para ganarse el sueldo. Tomar decisiones y dar pasos adelante no figuran entre sus actividades cotidianas.

Los grandes guerreros también permanecen al acecho antes de dar el salto, pero tienen la habilidad, la *necesidad*, de desbaratar una acción y hacer que las cosas sucedan. Como éstos:

Guerrero	Acción
Moisés	Separar las aguas del mar Rojo, inundar
Faraón	Conducir su carro en una inundación
Nerón	Prender fuego a Roma
Guillermo el Conquistador	Invadir Inglaterra
Samuel Adams	Tirar té a la bahía de Boston, hacer cerveza (?)
Charles Linbergh	Sobrevolar el Atlántico / dar apoyo a Adolf Hitler
Bob Dylan	Pasarse a la guitarra eléctrica
El tipo de la plaza de Tiananmen	Enfrentarse a los carros de combate
Motosierra Al Dunlap	Despedir a un montón de gente / ganar un montón de dinero
Jeff Katzenberg	Volverse loco / crear SKG

Estoy seguro de que conoces más gente de ésta que, por razones en sí mismas buenas o malas, se pusieron en manos de la fortuna y dieron ese gran paso que separa el ayer del mañana.

En ese momento dejaron atrás su espíritu blandengue.

QUINTA PARTE

Enemigos

Esto es el fin, querido amigo, el fin.

JIM MORRISON

Yo, mi enemigo

> Sólo en una ocasión hice una plegaria a
> Dios, una muy corta: «Oh, Señor, haz ri-
> dículos a mis enemigos.» Y Él me lo con-
> cedió.
>
> VOLTAIRE (1767)

¿Qué es un enemigo, bromas y poesía aparte? Es una enti-
dad muy parecida a ti a la que quieres matar. Debes comprender esa cosa que hay al otro lado del alambre de espi-
nos, pensar largo y tendido acerca de sus debilidades y sus
fortalezas y a continuación lanzarte a por él con los refle-
jos de un perro, y con los mismos resultados.

Esta idea —la de que tu enemigo es muy parecido a
ti, aunque vestido con otro traje— resulta repugnante
para mucha gente. Es mucho más fácil imaginarlo como
un ogro o un monstruo cuando planeas destrozarlo.

La buena noticia para quienes prefieren engañarse con
esta visión es que nuestros enemigos a menudo cumplen
nuestros deseos y actúan como idiotas, egoístas y demen-
tes. Por supuesto, nosotros aparecemos ante ellos con los
mismos calificativos. Pero no lo tengamos en cuenta.

La manera en que nuestro enemigo se muestra ridículo ante nosotros es importante, pues precisamente en
ese exceso encontraremos su talón de Aquiles, incluso si
no hablamos de zapatos.

Deja que te explique lo que quiero decir.

Guerrero	Enemigo	De qué modo resultaban ridículos para ellos
César Augusto	Marco Antonio	Un idiota loco por el sexo
George Washington	Jorge III	Un niñato pomposo y blandengue que aspiraba rapé
Napoleón	Todo el mundo, excepto Francia	No franceses
V. I. Lenin	El zar	Endógamo, asqueroso vampiro sobrealimentado que explotaba a la clase trabajadora
John Lennon	J. Edgar Hoover	Gordo, corrupto, fascista que seguramente llevaba ropa interior femenina
J. Edgar Hoover	Martin Luther King	Alborotador carnal que se metía en la cama con Robert Kennedy

Guerrero	Enemigo	De qué modo resultaban ridículos para ellos
Richard Nixon	Casi todo el mundo	Comunistas, homosexuales, judíos, otros demócratas
Tupac Shakur	Biggie Smalls	Pueblerino gordo y grande
Biggie Smalls	Tupac Shakur	Niñato de clase media vestido como un *gangsta* fracasado
Republicanos	Bill Clinton	Un idiota loco por el sexo
Fred Durst / Christina Aguilera	Christina Aguilera / Fred Durst	Un bomboncito sin talento
Al Franken	Newt Gingrich	Un idiota loco por el sexo

Habrás comprobado que, en algunos casos, el guerrero hace una correcta evaluación de su adversario. En otros, subestimar al enemigo supuso una sorprendente derrota para quien se esperaba una fácil campaña.

En último término, lo importante es ver lo ridículo y susceptible de ser derrotado que resulta ser tu enemigo y, al mismo tiempo y en secreto, constatar cuál es la situación real.

Una mezcla de realidad y fantasía, ése es el gran aliado de cualquier guerrero. Saber hallar la proporción justa marcará la diferencia entre victoria y derrota.

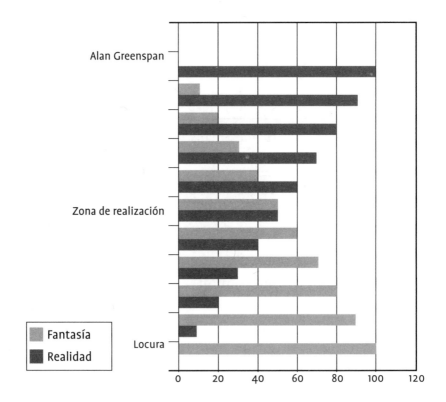

El enemigo pequeño

¡Vaya! Uno que se cae.

PIOLÍN mientras observa cómo el gato Sil-
vestre cae al abismo después de soltarle el
dedo meñique de la cuerda que lo sostenía

Una advertencia que seguramente será el mejor consejo
que te darán en el mundo de los negocios: cuidado con
los hombres bajos. Yo los defino como aquellos hombres
que deben mirar arriba cuando nosotros miramos abajo,
pero son adversarios extraordinariamente poderosos. Han
estado luchando a causa de su estatura durante toda su
vida. Y quienes entre ellos han vencido este obstáculo son
capaces de imponerse a cualquiera.

Lo mismo puede afirmarse de las mujeres bajas que
lo superan, os lo dirá cualquiera que haya visto a Ruth
Westheimer promocionándose en una fiesta.

Esta valoración no está basada en términos filosófi-
cos, sino empíricos, al menos por lo que a mí respecta.
Mi primer jefe era bajito, y un auténtico nazi. El segundo
era una mujer baja, y era capaz de romper nueces con
sus molares. He trabajado para muchos directores de revistas, y la mayoría eran bajitos, y los que no lo eran actua-
ban como si lo fueran.

Me limitaré a hablar de los grandes líderes de la historia que fueron bajitos para sostener mi opinión, aun-

que hay una plétora de magnates bajitos en cualquier ámbito del mundo de los negocios, y quienes no lo son a menudo sufren sobrepeso. Hablaremos de los gordos más adelante. No suelen dar tan buen resultado como los bajos porque suelen morir antes.

LISTA DE GENTE PEQUEÑA Y FORMIDABLE
DE TODOS LOS TIEMPOS

1. El Príncipe Negro, famoso caballero de la Edad Media cuya armadura le serviría a Gary Coleman.

2. Alexander Pope, poeta inglés, 1,36 m.

3. Reina Victoria de Inglaterra, 1,52 m.

4. John Keats, poeta inglés, 1,55 m.

5. San Francisco de Asís, santo italiano, 1,56 m.

6. Henri-Marie-Raymond de Toulouse-Lautrec, pintor francés, 1,56 m.

7. Honoré de Balzac, novelista francés, 1,58 m.

8. Nikita Krushev, líder soviético, 1,60 m.

9. Marqués de Sade, soldado francés, escritor y sádico, 1,60 m.

10. Carlos I, rey británico, 1,62 m.

11. James Madison, presidente de EE. UU., 1,62 m.

12. Pablo Picasso, pintor español, 1,62 m.

13. George *Cara de niño* Nelson, gánster estadounidense, 1,64 m.

14. Hirohito, emperador japonés, 1,65 m.

15. Lawrence de Arabia, soldado británico y escritor, 1,66 m.

16. Napoleón Bonaparte, emperador francés, 1,67 m.

17. Joseph Stalin, líder político soviético, 1,67 m
18. Tutankamón, rey egipcio, 1,67 m

Entre los jugadores actuales del equipo de los bajitos poderosos podemos incluir a la mayoría de los actores famosos, el pequeño gran magnate de los medios de comunicación Si Newhouse y algunos otros, el asesor, presunto criminal de guerra y *bon vivant* Henry Kissinger y al humorista Jon Stewart. Si me atrevo a ponerlos como ejemplos es sólo porque ninguno de ellos parece capaz de perjudicarme a corto plazo y ninguno leerá este libro, ni aun los que siguen vivos.

La escasa estatura no es la única cosa a tener en cuenta. La misma consideración debes dar a aquellos directivos de tamaño pequeño a medio que odien sus tripas, los gordos, y, más importante aún, los asistentes (antes se solían llamar secretarios/as) que se confabulan para hacerte caer. Si en realidad eres tan estúpido para ganarte la antipatía de la gente que trabaja para ti y de tus compañeros y jefes, es posible entonces que no pueda hacer nada por ti.

Tácticas contra los enemigos pequeños

✓ Sostienes un huevo crudo. No te preocupes, su cáscara aún está entera. No se ha roto. Todavía. Mira el huevo que tienes en tus manos. Tienes que llevarlo a Jartum por un terreno duro y accidentado.

✓ Aparecen otras personas a lo largo de tu viaje, merodeadores con parches en los ojos y ropa negra hecha jirones, o lo que lleve puesto Steve Van Zandt. Debes guardar contigo el huevo todo el camino hasta llegar a Jartum o habrás fracasado.

✓ Al mismo tiempo, tienes que seguir con tus importantes tareas cotidianas; de hecho, más importantes
para ti que ese huevo sin valor del que tienes que ocu-
parte.

✓ El viaje a Jartum continúa. Tal vez nunca llegues.

✓ Finalmente lo consigues. ¡Jartum! Romántica y exci-
tante capital de algún país. Es cierto, ¿dónde se encuentra? No importa, has llegado.

✓ Llevas tu huevo al lugar donde se supone que has de
llevarlo y llegas justo a tiempo; entonces lo rompes contra el pavimento y observas cómo se fríe en la acera. Y
qué bien. ¡Menudo dolor de cabeza suponía ese huevo!

El enemigo grande

Vaya, eres el judío más grande que conozco.

TED TURNER a Rick Kaplan, de 1,87 m
de altura y 110 kilos de peso, cuando
lo contrataba para dirigir la CNN

El tamaño físico no es una cuestión baladí en competiciones entre seres humanos. Dejad que os cuente una historia, que no creo que sea infrecuente.

Érase una vez un alto directivo extraordinariamente inepto. La compañía para la que trabajaba pasaba por un mal momento entonces y bien poco hizo él por mejorar la situación. Aunque tengo que decir a su favor que le gustaban los asesores.

Los puntos fuertes de Bob eran dos:

1. Apenas decía nada.
2. Era muy alto.

En las reuniones le gustaba sentarse, meditabundo, en la cabecera de la mesa, en una postura que recordaba a Lincoln, con sus piernas como palos clavadas frente a él. Se echaba atrás en su sillón y escuchaba, o no escuchaba, porque en realidad no se sabía. Cuando la reunión terminaba se ponía en pie, con su abrumadora altura, hasta que los demás, cansados de esperar algo más que simples cortesías, desaparecían de su vista. Bob acababa de tener otra reunión.

Siguió actuando así hasta que un grupo de gente bajita se arremolinó en torno a sus tobillos y lo hizo caer. No creo que en realidad le importara que hubiera llegado su fin. Se fue de allí tan tranquilo, convencido de que en otro lugar habría un puesto para un hombre alto. Y lo había, claro. Ahora se dedica a ser alto y tener éxito por ahí, ante su consternación, estoy seguro.

Tácticas contra los enemigos grandes

✓ Un gigante vive en una torre en un perdido rincón del bosque. Dedica sus días a rebañar los huesos de los plebeyos, a beber tanto vino y aguamiel como es capaz de tragar y a contar su oro. No hay ninguna razón para que vayas a verlo a no ser que, una de dos: te haya citado para que lo entretengas o para servirle de alimento, o bien tú y tus compatriotas habéis llegado al punto en que os veis capaces de acabar con él.

✓ Pero tú vas a lo tuyo, haces tu trabajo, conservas limpia tu nariz y haces amigos. Nadie puede derrotar a tan gran gigante.

✓ Una noche, mientras el gigante duerme el sueño de una de sus magníficas muestras de exceso alcohólico, te despierta Thor, un enano que trabaja para el gigante cuando a éste le da por trabajar. «Estás con nosotros o contra nosotros», te pregunta.

✓ Juntos, tú y tu equipo de enanos, elfos, hombres, mujeres e incluso unos cuantos orcos, os reunís en el castillo que alberga a los directivos que controlan la torre. A la mañana siguiente o el gigante o tú os habréis ido.

✓ Cuando los gigantes se van suelen llevarse consigo un montón del oro que han atesorado, junto con un par de pollos y, si lo hay, algún jamón. Pregunta a Dick Grasso y al equipo directivo de la Bolsa de Nueva York la razón de que así sea.

Una última palabra acerca del tamaño

No me gustas porque tus pies son demasiado grandes.

Fats Waller

Tal vez haya dado la impresión en estos dos últimos capítulos que el simple hecho de ser alto es el único factor que determina las dimensiones de alguien. No lo es. Hay otros factores:

- Categoría.
- Calidad del atuendo.
- Belleza física o una visible ausencia de ella (como algo positivo).
- Atractivo sexual.
- Grado de agresividad.
- El ego, entendido como incapacidad de asumir que tal vez uno esté equivocado.

La categoría es de vital importancia, pero no en el sentido que piensas. En la página siguiente encontrarás un gráfico que describe el grado de incomodidad que distintos agentes pueden provocar en ti si tomas posición en el bando equivocado, ya sea éste insignificante o grotescamente grande, al estilo Donald Trump.

Verás que las mayores depredaciones no te llegarán, como podrías pensar, de otros directivos de nivel con los que te peleas cada día. El peligro constante, auténtico, para ti si eres un estúpido procede de la gente de a pie, la que mantiene en funcionamiento la máquina, de aquellos trabajadores que antes se llamaban secretarios y secretarias y que ahora se muestran más felices porque los llamamos asistentes. A la mayoría de estos asistentes no los ves todos los días porque trabajan para otros, pero ellos saben quién eres tú, créeme, saben qué comes, qué bebes y cuándo bebes, qué uso haces de tu cuenta de gastos y otras cosillas como éstas, incluso de quién estás enamorado, ya sabes a lo que me refiero.

En el otro extremo tenemos a esa gente a la que apenas ves, capaz de hacerte daño sin conocerte si el espíritu de la economía y la frugalidad así lo requieren.

Capacidad de fastidiar

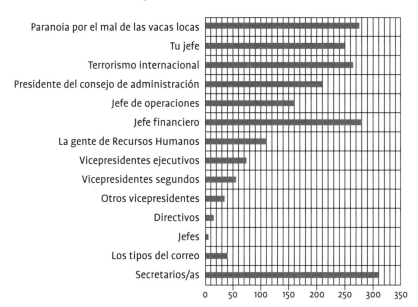

Tácticas contra los enemigos de tamaño normal

Olvídate por un momento de los ejecutivos al estilo Sun Tzu. Si no te preocupas de las secretarias y de los chicos del correo mejor que lo dejes correr.

El enemigo gordo

Prueba la ternera. Es la mejor de la ciudad.

Capitán McClusky a Michael
Corleone justo antes de que
Michael le pegue un tiro en
la garganta

No soy una persona gorda, aunque podría serlo si quisiera, incluso si no lo quisiera. Tengo suficiente apetito para serlo. Cuando era un joven ayudante solía comerme un buen plato de pasta de una sentada, seguido de un helado. En la universidad, después de una noche de trabajo, me gustaba salir con los colegas a tomar una jarra de cerveza y una pizza de salchicha de medio metro, enterita para mí. Peso doce kilos más ahora que estoy aquí con vosotros, que entonces, y como un 146 por ciento menos. La vida es injusta.

Aquellos a los que les gusta estar gordos no les gusta pelear. Eso los hace alegres. Pero debajo de esa alegría, señoras y señores, se esconde una bestia curtida, voraz, sufridora, siempre hambrienta... hambrienta de más.

Ésa es la razón por la cual la gente gorda, al igual que la pequeñita y la muy alta, es peligrosa y merece que la vigilemos con atención. Tan pronto se ponen a bramar, reír y a escarbar como si el mundo fuera una ostra y tú la perla que hay en su interior y al momento siguiente te preguntan si te vas a comer el último pepinillo. A partir de ahí, las cosas van cuesta abajo.

Antes de que pasemos a las cuestiones de estrategia responde una pregunta clave: ¿Qué consideras que es gordo? Yo lo defino así:

— Más de diez kilos de sobrepeso según cualquier estándar racional.

— Partes de tu anatomía hinchan un poco tus ropas y tienes problemas para mantener en su sitio la camisa o la blusa.

— La gente te llama «tío grande», si eres un tío. No tengo claro que haya un equivalente para aplicar a la mujer. Quieren hacerte creer que es un apelativo cariñoso, pero no lo es. Cuando la gente me lo dice a mí me siento como Chris Farley, a pesar de que no soy para nada gordo, ya lo he dicho. Así que si te gusta tratar de esta manera a la gente rolliza, corta por lo sano.

— En este preciso instante estás pensando en comida. En panceta o salchichas, probablemente, si eres un tío. En helado, supongo, o en *crème brûlée* si eres una mujer.

— Codicias el césped de los demás, y no te importaría nada en absoluto dar buena cuenta de él si te lo ponen en un plato.

Las personas obesas suelen ser excelentes amigos y unos enemigos despiadados, porque al igual que otras minorías oprimidas, guardan grandes reservas de rabia.

Capacidad de almacenar rabia

Larry David

Empleado de Enron

Chiitas iraquíes

Bill O'Reilly

Gente obesa

Alegría ——-> Rabia controlada

Y al igual que cualquier persona que se vea obligada a mostrarse alegre durante cierto tiempo, cuando se ponen furiosos los obesos no temen servirse de su peso y convierten su molestia social crónica en una ventaja en tiempos de lucha.

Tácticas contra el enemigo gordo

- Eres muy cariñoso con *Chuk*, tu nuevo pit bull. *Chuk* no es como otros pit bulls. Es amistoso y dulce. La gente se maravilla con lo sociable que es.
- Un buen día *Chuk* sale por su cuenta, empieza a tener hambre y muestra una nueva faceta de su personalidad cuando mata y devora a un pequeño vicepresidente que ha cometido el error de darle un golpe con un palo.

- Después de este desafortunado incidente constatas que *Chuk* parece interesado en la parte carnosa de tu pierna, entre el tobillo y la rodilla.
- *Chuk* se ha convertido en un problema, principalmente para ti. No hay vuelta atrás y ya no será aquel pequeño cachorro con el que jugabas y en el que confiabas. Resulta obvio que sólo puedes hacer una cosa.
- Alimentas a *Chuk*. Huevos revueltos, bacón y un filete grande y grasiento a mediodía y un chuletón y patatas fritas para cenar, con un par de copas siempre que te lo pide. Siempre que el perro se pone tenso y parece dispuesto a saltar, tú tienes a mano un buen hueso para lanzárselo.
- Después de unos cuantos meses de sobrealimentación, *Chuck* está tan rollizo que apenas puede moverse. Sería incapaz de morder a otro ejecutivo aunque le fuera la vida en ello.
- En otoño, más o menos cuando se elabora el presupuesto, metes discretamente a *Chuck* en una caja para perros y firmas los papeles para que disfrute de una larga estancia en la perrera.

El enemigo flaco

Un general sabio come el alimento de su enemigo. Uno de sus pollos vale veinte de los míos.

Sun Tzu

Un hombre hambriento es un hombre furioso.

Proverbio inglés

«Ese Casio tiene una mirada enjuta y hambrienta», escribía Shakespeare de uno de los conspiradores que apuñalaron a César no por Roma, sino por satisfacer su hambre de poder y venganza. Hay algo inquietante en quien a pesar de comer nunca queda satisfecho.

A menudo esto resulta injusto. Hay muchos prejuicios y antagonismos acerca de la gente delgada, como los hay con la gente gorda. Sólo ocurre que tienen mejor apariencia tanto desnudos como vestidos.

Como gordo en potencia reconozco que siento una desconfianza visceral hacia quienes se conforman con poco peso. Me molestan especialmente aquellos que se quejan de que tienen que beber batidos y comer aros de cebolla constantemente para no perder peso. Sospecho que me lo cuentan para provocar mi propio desequilibrio, tarea que no es demasiado difícil en los tiempos que corren.

A la gente delgada, al igual que a la gente baja y a la gorda, hay que ir dándole pataditas en el culo de vez en cuando. En este caso, con todo, tal vez resulte más complicado. Es difícil acertar en un blanco móvil de pequeñas dimensiones.

Veamos cómo podríamos definir a un delgaducho:

— Las perneras de los pantalones parecen relativamente vacías

— Siempre se abrocha el botón central de la chaqueta para demostrar que no tiene barriga

— Parece que nunca tenga suficiente trabajo para hacer y mira con avidez tu bandeja de tareas pendientes cuando estás despistado.

Esto último es importante. La delgadez de la que estamos hablando aquí, como ya te habrás dado cuenta por otros párrafos de este capítulo, no es tan sólo física. Tiene mucho que ver también con el individuo en permanente rapiña, aquel que no siente escrúpulos en apoderarse de tu almuerzo cuando no hay nadie cerca.

Tácticas contra el enemigo delgado

• Estás en una barca en un río largo y ancho y te mueves despacio corriente abajo. Hay alguien contigo. Un hombre o una mujer que es todo piel y huesos, y entre vosotros, una hogaza de pan.

• A medida que pasan los días y disminuyen las provisiones tu compañero/a se muestra más irritable, y te das cuenta de que saliva discretamente sobre tu parte de la comida.

• Una noche, mientras duerme, le robas en silencio un

pedazo de pan, un pedacito tan pequeño que él no lo notará, y te lo comes en ese mismo instante. Esta acción te refuerza y, si bien para él o ella no supone ningún perjuicio inmediato, sí lo convierte en un adversario algo más débil para el futuro.

• Cada noche que pasa le sisas un pedazo mayor de sus provisiones, al tiempo que pones a buen recaudo las tuyas. Llegados a este punto él tiene que hacer algo: podría enfrentarse a ti, pero para ello necesitaría energía, ¡y está tan hambriento...!

• Transcurrida una semana ese personaje escuálido y enloquecido te ataca en la barca. Después de una pequeña lucha consigues dominarlo, te comes la última porción de su comida y lo lanzas por la borda. La corriente lo arrastra hacia unas cataratas.

• Cuando todo ha terminado pones rumbo a la orilla, pides una habitación en el hotel St. Regis, te das una ducha y, a continuación, te diriges a un buen restaurante y pides un grueso entrecot de ternera, con patatas asadas y todos los complementos.

El enemigo débil

El del soldado, querida señora, es el arte cobarde de atacar despiadadamente cuando eres fuerte y de mantenerte alejado del sufrimiento cuando eres débil. Ahí radica el éxito en una batalla. Busca a tu enemigo cuando esté en desventaja y nunca, bajo ningún concepto, pelees con él en igualdad de condiciones.

George Bernard Shaw

Será útil, para lo que aquí vamos a tratar, decir con toda claridad aquello que alegremente decía Richard Nixon: no hay enemigo débil.

Si tú crees que sí lo hay estás a punto de caer en una fosa en la que te encontrarán, fosilizado, dentro de dos millones de años, con una estúpida expresión de sorpresa en tu rostro.

No es que no haya contrincantes que no sean débiles. Es que la debilidad, en las manos adecuadas, implica cierta cantidad de fortaleza. La debilidad obliga al guerrero a expresar su agresividad de maneras insospechadas, algunas de las cuales pueden conducirlo al éxito, sobre todo ante un adversario demasiado confiado.

Veamos a continuación algunos enemigos «débiles» que aniquilaron a lo largo de la historia a contrincantes «fuertes».

- David, rey de Israel, frente a Goliat, un gigante a sueldo de un grupo de críticos de arte conocidos como filisteos.
- El ejército continental bajo las órdenes de George Washington, que derrotó al ejército más poderoso del mundo gracias a la guerra de guerrillas.
- Ho Chi Minh, que derrotó tanto al ejército francés como al estadounidense para construir un Vietnam unificado que sólo es un poco menos opresivo de lo que cabría esperar.
- Los Mets de 1969.

Todo el mundo tiene poder. Un poder que adquiere distintas dimensiones cuando quien lo utiliza está furioso, es ambicioso o está decidido a hacerte pagar que lo tomaras a la ligera.

Tácticas contra el enemigo débil

- Te despiertas una mañana y descubres que llevas atado a la espalda un pequeño paquete con un pastel de frutas. Una voz te explica que no debes desprenderte de esta carga, excepto para dormir, durante un tiempo indefinido. «¿Cuál es el problema? —piensas—. Apenas pesa.» «Estupendo —dice la voz—. No tienes que perderlo de vista, es un regalo. Vendré a buscarlo más tarde.» Como sueles tener en cuenta estas voces, haces lo que se te dice.
- Pasado un rato comprendes que esa carga pequeña no es tan pequeña en el fondo; de hecho, está empezando a resultar una molestia.

- Empiezas a pedirles a los demás que te ayuden a sacarte de encima el paquete, pero lo rechazan, básicamente porque para ellos no representa una carga demasiado importante y porque ellos sí están ocupados en tareas importantes. «Estamos demasiado ocupados en tareas importantes», te dicen. «Es cosa tuya y, si quieres saberlo, a nosotros no nos parece algo tan grave. ¿Acaso eres un blandengue?»

- Comprendes ahora que tus problemas con el pequeño pastel de frutas de tu espalda hacen que aparezcas débil y pequeño, tan pequeño como lo es el pastel. Corres el riesgo de que te llamen «el tipo con el problema del pastel». Estás desesperado.

- Finalmente, una noche oscura y tormentosa, rasgas el envoltorio de tu paquete y te comes hasta la última migaja del pastel de frutas. Está rancio, pero bueno. Y lo mejor es que ha desaparecido.

- Surge un destello de luz y de nuevo se deja oír la voz. «Gracias por encargarte de este estúpido pastel —dice—. Me dan uno cada año y nunca sé qué hacer con ellos.»

El enemigo fuerte

Queridos amigos: por segunda vez en nuestra historia, un primer ministro británico vuelve de Alemania con una paz honrosa... Creo que han llegado tiempos de paz para nosotros. Id a casa y dormid tranquilos.

NEVILLE CHAMBERLAIN,
primer ministro británico, después
de firmar un pacto de no agresión
con Adolf Hitler en septiembre
de 1938, casi un año antes
de que Hitler invadiera Polonia

A simple vista tal vez parezca que el enemigo poderoso representa un problema insuperable. De hecho, nos ofrece una gran oportunidad por las razones siguientes:

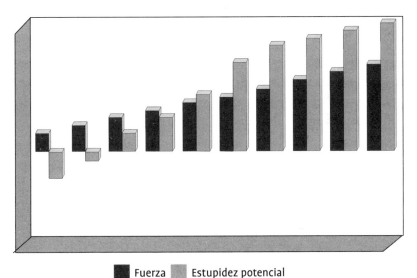

■ Fuerza ■ Estupidez potencial

Sí, del mismo modo que sólo el guerrero estúpido y confiado en exceso infravalorará al enemigo supuestamente débil, sólo el imprudente se dejará intimidar por uno musculoso y que parezca invencible. No hay nadie que no se libre de la posibilidad de que lo golpeen; demasiados «no», ¿verdad? Lo intentaremos así:

Cualquiera puede ser golpeado. Sólo tienes que encontrar la clave. Y como demuestra la gráfica, cuanto más indomable parezca la fuerza de una persona, más posibilidades habrá de que piense con sus músculos en lugar de con la cabeza.

La historia está llena de personajes que empezaron con mucha fuerza y gran inteligencia y acabaron como poderosas centrales energéticas con diminutas conexiones cerebrales que apenas usaban.

Líder	Inteligentes al principio	Estúpidos al final
Napoleón	Salvó Francia	Invadió Rusia
John Adams	Uno de los fundadores de Estados Unidos	Promulgó las represivas leyes de Extranjería y Sedición
Howard Hughes	Valiente aviador	Un excéntrico total
Pete Rose	Charlie Hustle	Apostó en béisbol

Líder	Inteligentes al principio	Estúpidos al final
Michael Jackson	*Thriller*	«El zumo de Jesús», es decir, vino con cola, que ofrecía a los niños
Jesse Ventura	Luchador / Actor	Gobernador de Minnesota
Bill Gates	Democratizó los ordenadores	Métodos de matón con la competencia
Jack Welch	Gran presidente de General Electric	Tipo cachondo con extrañas actitudes acerca de los gastos de la compañía
Howard Dean	Sorprendente candidato	Su discurso: «Tengo un grito»

La verdad es que los seres humanos no estamos hechos para ser fuertes. Somos una especie inherentemente débil, propensa a los achaques físicos, insegura, con ataques de cobardía y arrepentimiento. La presión por ser fuerte es grande para quienes pretenden ser poderosos —incluso para quienes en realidad lo son— y el precio a pagar es una ventaja para ti. Puedes manipular esta fortaleza para tu provecho y, cuando sea necesario, hacer trastabillar a una mole todo músculo con una sencilla cuerda.

Tácticas contra el enemigo fuerte

• El ejército japonés se ha desplegado alrededor de Tokio para esperar la llegada de Godzilla. Y ahí está: ¡Godzilla!

• Los muy estúpidos generales mandan a un destacamento de desgraciados idiotas a enfrentarse directamente a Godzilla. Todos ellos acaban tostados por el feroz aliento del monstruo y sus pequeños jeeps convertidos en plástico fundido.

• Los científicos más listos se escaquean en su búnker, en la ladera de una montaña, mientras el gran lagarto sale del océano, cruza las colinas y, bramando y chillando, desciende hacia la ciudad.

• Lo bueno para Tokio es que sí, Godzilla es muy grande, y muy poderoso también, tan fuerte que es capaz de destruir tanto a Mothra como a Megalon, entre muchos. Es un auténtico crack destruyendo otros monstruos.

• Pero por muy grande y poderoso que sea, su inteligencia es más bien escasa. Y así, película tras película, acaba siempre hecho un lío con los cables de alta tensión y tan enfadado que, entre resoplidos y graznidos, cuando peor lo está pasando, un grupo de osados guerreros son capaces de atacarlo.

• De nuevo derrotado, más triste y aún no demasiado consciente de que ese bulto misterioso en su cabeza es un cerebro, Godzilla, piando lastimosamente, se adentra en el océano, de donde volverá por motivos desconocidos en la siguiente secuencia.

El enemigo al que odias

> Que se odien los unos a los otros. Pero cuando se encuentren en la misma barca para cruzar un río, que todos remen al unísono.
>
> SUN TZU

> Pero el odio es una pasión deliciosa de la que nunca te hartas; puede hacernos felices el resto de nuestras vidas.
>
> LORD BYRON

Son muchos los sufrimientos de la guerra. Y pocas las alegrías, al menos durante su apogeo.

Tal vez la mayor satisfacción que llegarás a experimentar a lo largo de tu carrera como guerrero sea la espiritual emoción de ir a la batalla contra un adversario al que en verdad odias.

Algunas cosas son ciertas en esta profunda, rica y crucial prueba para tu espíritu guerrero.

La más importante es que dispones de todo el tiempo del mundo. Mientras que el amor se desvanece como hace el rocío cuando se levanta la mañana, un buen odio crece con el tiempo si lo cuidas y lo nutres con cariño, como un cuidadoso jardinero con sus petunias de concurso.

En este caso hará falta la sabiduría del conocimiento, la preparación adecuada, saber soñar y una planificación letal, porque un buen odio, al igual que un buen amor, no se puede desperdiciar en una acción irreflexiva. Debes saborear el odio. Pruébalo. Imagina qué significará experimentarlo en el momento adecuado.

Pregúntate lo siguiente:

¿Cómo es mi adversario? ¿Qué le gusta? ¿A qué le tiene miedo? ¿Cuánto te duraría si lo mataras a base de pequeños cortes, de modo que le doliera pero no lo incapacitara de inmediato? ¿Qué es lo que más le dolería sin que cayera inconsciente, de modo que supiera por qué está sufriendo y quién provoca su dolor?

¿Qué pasos deberías dar para protegerte a continuación, para que cuando te dediques a preparar otra acción o te batas en retirada él o ella no te sorprendan con otra maniobra?

¿Qué cantidad de sorpresa y de anticipación de miedo estás en condiciones de proporcionarles?

¿Hasta qué punto deseas que sufran? ¿Cuál sería para ti el final feliz de esta historia: su muerte, su humillación o una prolongada vida de miseria de la que tú puedas ser testigo?

Tácticas contra el enemigo al que odias

- Cierta tarde encantadora verás a un desconocido al otro lado de una sala tal vez repleta. Desde el primer instante tienes claro que aquello durará para siempre.
- Tal vez él o ella te hayan herido en primer lugar. Pero tú no reaccionas de manera inmediata. Tienes que pensar. ¿Qué hay en esa persona que te mantiene despierto por las noches y te provoca ardor de estómago?

- De alguna manera devuelves el golpe y sumas algunos puntos. Tras esa reacción, él o ella actúan con más precaución. En el lenguaje corporal de la empresa, os estáis tomando las medidas.
- Y entonces... te lanzas. Ya es público y notorio. La gente sabe que estáis enfrentados. Los dos habéis conseguido un mayor respeto, que os teman, porque el odio auténtico impresiona a los testigos.
- Pasa el tiempo. No hay una bala mágica que acabe con el enemigo. Esto es la realidad. No va a desaparecer.
- Necesitas pasar al siguiente nivel, aquel en el que tomar posiciones y emprender acciones agresivas es el pan de cada día.

SEXTA PARTE

Tomar posiciones

No seas un niño malo, ven con papá, ven con papá... mi adorable pequeñín...

IRA GERSHWIN

Conocer a fondo el árbol corporativo

¿Qué dirigente es más sabio y capaz? ¿Qué general posee el mayor talento? ¿Qué ejército obtiene ventajas de la naturaleza y el terreno? ¿En qué ejército se observan mejor las regulaciones y las instrucciones? ¿Qué tropas son más fuertes? ¿Qué ejército tiene oficiales y tropas mejor entrenadas? ¿Qué ejército administra recompensas y castigos de forma más justa?

SUN TZU

Haz una pregunta estúpida y obtendrás una respuesta estúpida.

MI ABUELA

Sun Tzu dedica un montón de tiempo a buscar buenos generales. La gente que espera encontrar buenos generales para que dirijan batallas es tan afortunada como el jugador de póquer que espera a tener buenas cartas para empezar a apostar.

Tú no eres tu jefe, y su destino no es el tuyo. Mientras él se dedica a preparar tu muerte, tú tendrás una excusa para trabajar por tu propio futuro y, si fuera necesario, conspirar para conseguirlo. Sé que esto sonará frío, pero la lealtad hacia la figura de autoridad en tiempos de guerra —en el trabajo, en cualquier situación— es una cuestión de cálculo, una apuesta, para aquellos que no acarician la idea de ser unos cabezas huecas.

Lealtad: tienen lo que se merecen

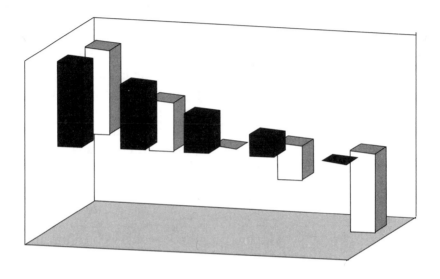

■ Su lealtad hacia ti
☐ Tu lealtad hacia ellos

Para hacerlo debes saber cómo es vuestra organización y conocerla mejor que la de vuestro enemigo, porque el primer enemigo que deberás conquistar son los tipos de tu propio bando. De acuerdo, en realidad no hay enemigos per se. Pero aun cuando te vayas de copas con ellos, planees algo con ellos o te dejes colgar con ellos en realidad no son tus amigos, porque trabajan con la trágica ilusión de que tu destino es tan importante como el de ellos. Y no es así.

Si vas a convertirte en un guerrero, y no en un simple soldado en el ejército de cualquiera, tendrás que acostumbrarte a esta idea:

Importancia relativa
en tiempos de guerra

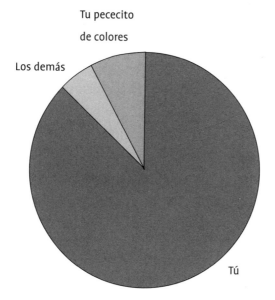

Así tiene que ser. Tú eres más importante que nadie. Ésta es la primera cosa que tienes que meterte en la cabeza cuando tomes posiciones para una batalla.

Esta primacía tiene ciertas implicaciones:

1. Tienes que vivir.
2. Si otros tienen que morir para que tú sobrevivas, que así sea.
3. La gente que se encuentra lejos cuando empiezan a caer las bombas acude al lugar más tarde, mientras que aquellos que están cerca de las explosiones no suelen salir bien parados; así pues, probablemente será una buena idea que te mantengas lejos en lo peor de la contienda, si está en tu mano.

4. Sólo lo conseguirás si tienes el poder de delegar y enviar a otros a algunas batallas, de modo que tu nariz no esté tan expuesta a recibir golpes como las de los demás.

5. Nada de lo anterior debe hacer que te sientas mal. Puesto que tu prioridad es tu bienestar, siempre actuarás de la forma correcta si haces lo que es bueno para ti.

Para colocar tus piezas en el tablero según estos cinco principios básicos es preciso que conozcas a fondo la organización de tu empresa; de este modo podrás manipularla a tu favor.

Pero de nuevo, guerrero, no me refiero al típico organigrama al que cualquiera tiene acceso si saquea los archivos de vuestro departamento de recursos humanos:

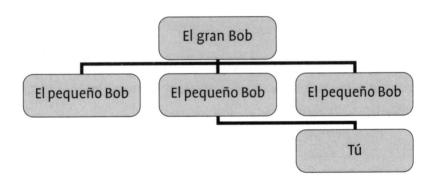

Por supuesto, debes estudiar este organigrama y profundizar en el conocimiento de sus intensas interrelaciones, no lo dudes. Obviamente, el tuyo será más complejo y sutil que el ejemplo que te he puesto. Y es del todo imprescindible que pienses cómo está estructurado y qué significan para ti esta disposición y estas relaciones.

Así que obsérvalo cada día, y no lo pierdas de vista. Dedica el resto de tu vida a observar y observar. Y a pensar y pensar. ¿Quién está en condiciones de pelearse contigo? ¿Quién vigila tus pasos? ¿Quién te mataría en un abrir y cerrar de ojos?

Y cuando ya hayas observado y pensado y todo eso, lo cual es tanto necesario como bueno, y hayas comprendido quién es quién, qué papel juega cada cual y a quién puedes lanzar contra un tercero para sacar ventaja, entonces habrá llegado el momento de aplicar este modelo de organigrama:

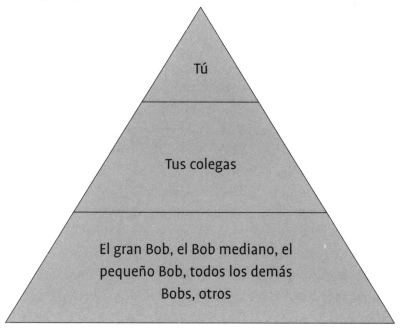

Y deja que te diga algo: si en lo sucesivo no estás dispuesto a moverte en esta dirección, pierdes el tiempo en un negocio de guerreros. Sé algo más en este mundo vulgar. Hay un montón de salidas profesionales para los tipos

demasiado sensibles, atentos, no violentos e insuficien-
temente atraídos por su destino como guerreros. Tú puedes serlo.

Es una manera de vivir, sin duda.

¿Y los demás? Empecemos a organizar todas las piezas para maximizar nuestras posibilidades de éxito.

¿Shih Tzu?

La ortodoxia y la heterodoxia no son algo fijo, sino que se utilizan como un ciclo sin principio ni fin.

SUN TZU

El arte de la guerra es bastante simple. Averigua dónde se encuentra tu enemigo. Enfréntate a él lo antes posible. Golpéalo con tanta fuerza como te sea posible, y sigue moviéndote.

ULYSSES S. GRANT

Ulysses S. Grant fue un político terrible, tal vez uno de los peores presidentes con que ha contado Estados Unidos. También fue un gran general. En el punto culminante de la Guerra Civil, cuando pintaban bastos para la Unión, Lincoln nombró a Grant jefe de los ejércitos unionistas. Sus críticos no lo tenían nada claro y pusieron en conocimiento del presidente todos los defectos de que hacía gala Grant, incluida su afición a la bebida. «Averiguad qué suele beber —les respondió Lincoln—, para que pueda ofrecer lo mismo al resto de mis generales.»

Tal vez la bebida fuera el factor que marcó la diferencia con Grant. Shih es esa diferencia, esa visión que nos permite tomar posiciones y pasar por alto la preocupación por temas como la fuerza o la agresividad para centrarnos en el dónde, el cuándo y el cómo de la batalla.

Esto es muy importante. Estoy convencido de que cualquiera que llegue a comprender el Shih acumulará cantidad de puntos en su carrera, y será capaz de prepararse para cualquier evento imaginable antes de entrar en combate.

Sun Tzu dice:

> Cuando las aguas torrenciales arrastran las piedras, eso es Shih.
>
> El golpe del halcón que rompe el cuerpo de su presa, eso es precisión.
>
> Así pues, el Shih del guerrero experimentado es aplastante, y su ataque extremadamente preciso.
>
> Shih es como tensar la ballesta; la precisión, liberar la cuerda.

¿Lo has pillado? Claro que sí. Te has pasado toda tu vida profesional haciéndolo. Preparándote. Asegurándote de que estás en el lugar correcto cuando es la hora de las reuniones importantes y los conflictos.

Asúmelo. Estás lleno de Shih.

Durante los últimos veinte años, más o menos, no ha habido ni un solo día de mi vida en que no dedicara al menos unos instantes en pensar en algún aspecto del Shih. Entre los temas importantes relacionados con el Shih, tanto en la actualidad como en el pasado, hay éstos:

1. Ser correcto en las conversaciones telefónicas.
2. Asistir a reuniones excelentes.
3. El Tao de la comida.
4. Beber durante la jornada laboral.
5. Hacer la pelota de la manera apropiada (y aun de la que no lo es).

6. Utilizar el mobiliario de oficina como herramienta de poder.
7. El arte de la correspondencia interna.
8. Desestabilizar al adversario sin que te descubran.
9. Cuenta de gastos: ¿qué pasa con los gastos?
10. Vivir en la carretera y otros grandes peligros.
11. Ejecutivos débiles y cómo manejarlos.
12. Qué hacer cuando despiden a tu «rabino».

La cuestión es que si dedicas tu vida a estar a la altura de este Shih, vas a perder la capacidad de «romper el cuerpo de tu presa» o «la precisión» a la que hacía referencia el maestro antes. Y todo el Shih del mundo no te servirá de nada si no puedes tensar la cuerda cuando llegue el momento de ser preciso.

Quédate con la idea de que nunca debes atacar a tu enemigo en sus puntos fuertes, debes buscar más bien sus puntos flacos. Es una noción fascinante. De algún modo te será útil pensar en ello. «Para avanzar sin encontrar resistencia, arremete contra el vacío», escribe Tzu. «El general experto puede formar a otros, pero él mismo no tiene forma.»

Me encanta la idea de dar forma a otros sin estar tú formado. Decide tú cómo aplicar esta máxima a la gente guerrera que, en esencia, no es más que músculo y agresividad. Si tengo que ser sincero, yo no sabría hacerlo.

También me gusta la noción de atacar allí donde no encontraré al otro. El problema para mí es que muchas veces, después de haber atacado donde no se hallaba mi enemigo, me quedaba allí parado, preguntándome adónde se había ido.

Entrar en formación

> Hay distintas clases de terrenos: accesibles, intrincados, algunos neutros, estrechos, accidentados, cercanos y lejanos. El mejor general conoce el terreno en el que tiene que combatir.
>
> SUN TZU
>
> No nos batimos en retirada.
> Sólo avanzamos en otra dirección.
>
> GENERAL DOUGLAS MACARTHUR

Bien. Ahora es importante que hagamos una distinción entre dos cuestiones, las dos cruciales para tu esfuerzo de guerra antes incluso de que se inicien las hostilidades:

1. Agresividad.
2. Estupidez.

El guerrero agresivo dedica suficiente tiempo al Shih para saber que al final de su carrera no irá a dar contra una bayoneta.

El guerrero estúpido ignora el Shih y termina ensartado gracias a la «precisión» de su enemigo. Ay. Esto duele.

Hará unos quinientos años, el bravo y agresivo ejército británico se batía contra los rusos en lo que más tarde sería conocido como el Valle de la Muerte. Las cosas empezaron mal.

Aquella fuerza militar británica, bien armada, inteligente y valiente marcharía hacia una emboscada en un lugar cerrado en el que fue fácil masacrarla. Así ocurrió. Todos masacrados. Lo mejor que puede decirse de lo que les ocurrió allí es que Tennyson escribió un bello poema para celebrar su estupidez... quiero decir, su heroísmo.

En el mundo de los negocios, que es de lo que estamos hablando al fin y al cabo, abundan los ejemplos del desánimo y la desolación de tipos que lucharon en la batalla correcta en el campo de batalla incorrecto.

Yo tuve un presidente, por ejemplo, que ganó una gran batalla contra un zoquete y por entonces adversario mediante un movimiento de aproximación al que era su jefe —todo el mundo tiene uno—, durante un partido de golf en las afueras de Pittsburgh, en el que sacó un acuerdo al anciano para comprar la filial que él deseaba. Aquel adversario llegó a convertirse en el presidente de mi presidente, y acabó con él privándole de la filial que con tanta habilidad había ganado. Había cambiado el terreno, y eso lo cambia todo.

De hecho, se han llevado a cabo docenas y docenas de fusiones a lo largo de los últimos cien años sobre la base de suposiciones que eran excesivamente esperanzadoras, sin la suficiente información o, simplemente, mediante engaños. En otras ocasiones, como el matrimonio entre Daimler y Chrysler, se valoró correctamente el terreno que se pisaba y el resultado fue una buena compañía que hacía mejores coches, como cualquiera que haya conducido un PT Cruiser recientemente puede atestiguar.

No obstante, este ejemplo es una excepción. La mayoría de las fusiones son guerras de conquista que se emprenden por razones equivocadas y en un terreno que con el tiempo resulta ser distinto al que una o las dos partes imaginaban.

Es difícil ser demasiado riguroso a este respecto. Es fácil ver la realidad del terreno cuando la batalla ha terminado y el suelo está repleto de cadáveres.

Puesto que tú no deseas ser uno de esos cuerpos que se pudren al sol, con esos pájaros grandes y feos a punto de comerse tus ojos, lo más inteligente será que, mientras formas antes de marchar hacia la batalla, te preguntes si tus conclusiones acerca del terreno y cómo situarte en él no serán infundadas y optimistas. De hecho, será bueno que seamos unos blandengues por unos instantes y nos sirvamos de las consideraciones de Sun Tzu para una rápida valoración. Es difícil comprender cómo se llevan a la práctica, en el mundo real, los consejos estratégicos del maestro, pero lo intentaremos.

Terreno accesible: la gente se mueve por él con relativa libertad. Es el terreno normal de los negocios cotidianos. Sun Tzu dice que debemos ser agresivos y mantenernos en terreno elevado, y nos sugiere que contaremos así con ventaja en la batalla.

De acuerdo, pero ¿qué es el terreno elevado? Este concepto ha cambiado de los tiempos de Sun Tzu a nuestros días.

Aspectos del terreno elevado

Guerrero de la antigua China	Ventajas	Guerrero contemporáneo
Buena altura	Ves al enemigo acercarse	Buena actitud, excelente e-mail, espías
Buen lugar para fortificar	Difícil de atacar, fácil de defender	Un despacho amplio, con buenos muebles
Lugar seguro para las provisiones	Fácil establecer una presencia permanente	Una cuenta de gastos a prueba de bombas
Fácil para atacar / para retirarse	Matas a los otros, estás a salvo, pierdes menos cantidad de hombres / provisiones	Buenas habilidades de delegación, suficiente personal para soportar pérdidas y deserciones
Intimida al enemigo	Minimizas la posibilidad de tener que llegar a acuerdos no deseados	Buen perfil interno / externo

Lo del terreno elevado, si lo hemos comprendido bien, tiene que ver con asegurarnos de que disponemos de información valiosa y poder suficiente en situaciones normales y utilizar esta ventaja para determinar el momento y las circunstancias de la batalla, de la retirada y del aprovisionamiento.

Terreno intrincado: en términos blandengues lo describiríamos como aquel al que es fácil acceder, pero difícil de abandonar. Si pillas al enemigo desprevenido puedes revelar tu posición y atacar, dice el bueno de Tzu, y tienes posibilidades de éxito. Pero cuando el enemigo está preparado tal vez no salgas victorioso si te descubres. Puesto que la mera posibilidad de comprometerse sin obtener un éxito inmediato convierte la batalla en imposible y puesto que quien se ve envuelto en la lucha lo tiene difícil para escapar o retirarse, se considera que este terreno no es favorable.

Míralo de esta manera: Comcast decide que va a hacer una oferta por Disney. Lanzan su propuesta, que es ampliamente percibida como demasiado baja. Pero, ¡ay, amigo! Ya está hecho, te has metido en terreno intrincado.

Es decir, ya es pública. ¿Cuántas veces te has encontrado en una situación similar? Te piden que tomes unas cuantas decisiones cada día. Cuando tomas posición acerca de algo, ya está hecho. En algunos casos podrás dar marcha atrás, pero en otros no resulta tan sencillo. Tal vez la razón para no comprometerse sea que amasar fortunas no está al alcance de todos.

Bien, hasta cierto punto, si no eres un completo blandengue. Pero aquellos que han decidido que el terreno intrincado no sirve para batallar corren el riesgo de ganar la misma fama que los japoneses reticentes ante cualquier decisión por la que serán hechos responsables.

Algo así:

Terreno neutro: en este supuesto, ambos bandos se muestran y se observan los unos a los otros. Si es obvio que sus fuerzas son más débiles que las tuyas puedes atacar, aunque tal vez deberías preocuparte por si se han ocultado detrás de los árboles, o en una delegación de provincias. Esto se llama estancamiento, y una vez más el maestro dice que no es tiempo propicio para enfrentarte a tu enemigo y, por supuesto, tendría razón si las cosas funcionaran así, pero ¡vamos, hombre! ¡Así que no es el momento propicio! ¡Échale entrañas!

En estos momentos estoy tan aburrido con estas cosas del terreno que lo único que deseo es salir y machacar a alguien. Así que, seguidme.

Sobre el engaño

La guerra se basa en el engaño. Así, cuando seas capaz de atacar, has de aparentar incapacidad; cuando desplaces las tropas, aparenta inactividad; si estás cerca del enemigo, has de hacerle creer que estás lejos; si estás lejos, aparentar que estás cerca. Pon cebos para atraer al enemigo. Golpéalo cuando cunda el desorden. Si está furioso, provócalo.

SUN TZU

¡Cortadle la cabeza!

LA REINA DE CORAZONES

El engaño es bueno, siempre y cuando no termines creyéndote tus propias mentiras. Y caigas prisionero de ellas.

Te explicaré lo que quiero decir. Cuando era joven decidí que no quería fregar platos. Me gustaba comer lo que había en ellos, eso sí, pero una vez terminada la comida detestaba tener que lavarlos. Tampoco es que me gustara comer en platos sucios, eso no. Me gustaban los platos limpios como a cualquier burgués. Sólo ocurría que no quería ser yo quien los lavara.

A menudo esto generaba un conflicto con la persona con la que vivía. Incluso de vez en cuando ella me decía: «¿Por qué no friegas tú los platos para variar?» Y me las veía para imaginar una razón para no hacerlo. «Porque no quiero» no tendría que ser razón suficiente para acabar la discusión, pero como esto ocurría a finales de la década de 1970 (en Estados Unidos), automáticamente se asumía que el papel de la mujer en este mundo consistía en ir detrás del hombre limpiando. Y no sólo no era un argumento racional; ni siquiera era seguro.

De modo que desarrollé una estrategia que posteriormente adapté a distintas tareas domésticas y a muchas otras que me iban saliendo en la vida. Simplemente me convertí en un tipo tan incompetente para las tareas que no quería hacer que poco después ya nadie me pedía que las hiciera.

A punto de cumplir los cuarenta me pedían con frecuencia que lavara los platos (o que cargara el lavavajillas), que revisara el extracto de la cuenta corriente, que pasara la aspiradora por la moqueta, que pagara las facturas a finales de mes o que quitara la nieve de la entrada.

Ése es el problema con el engaño: aunque los platos para lavar eran pocos, me convertí también en un tipo realmente evasivo, con mucha práctica en el arte de elegir qué deseaba y qué no deseaba decir y hacer según fueran mis intereses en aquel momento.

Éstos son algunos problemas inherentes al modus operandi del engaño:

• Como digo, te vuelves una persona falsa. A la gente falsa le cuesta un montón de tiempo suscitar y mantener la lealtad de los demás, y por una buena razón: ¡es mentirosa!

• Te conviertes en las mentiras que cuentas, simplemente porque es mucho más fácil actuar así que desenredar el hilo de lo que es cierto y lo que es falso. Yo empecé a engañar con mucha habilidad acerca de mi incapacidad para hacer las cosas que he mencionado antes. Ahora la idea me repele.

- Pueden pillarte. Deja que lo repita. Pueden pillarte. Y entonces dejarán de confiar en ti. Los primeros en darse cuenta no serán tus enemigos, a quienes engañarás al estilo Sun Tzu, sino tus amigos, la gente a la que quieres.

- Entonces tendrás que odiarte, un poco, incluso en medio de esa orgía de amor por ti mismo que mueve tu carrera profesional. Te lo creerás o no, pero ese desprecio hacia ti mismo te convertirá en un guerrero menos eficaz.

- Al final comprenderás que dedicas mucho más tiempo a elaborar tus engaños que a cargarte a otra gente. Y eso es una pérdida de tiempo y talento, ¿lo sabías?

- Cuando llegue el momento de llevar a otros al campo de batalla, o tengas que hacer que den la cara por ti para que no te rompan la tuya, deberás recordar que al enemigo se le engaña, pero NUNCA se engaña al amigo. El problema es que no creo que sea posible. La gente que sabe engañar pierde la habilidad de ser sincero.

- Y cuando por fin hayas ganado la guerra y tengas que gobernar el territorio conquistado, serás una comadreja perdedora que no sabrá qué hacer con el juguete recién ganado.

La gente del mundo de los negocios está encantada con esta parte de la doctrina de Sun Tzu, básicamente porque les han enseñado a ser comadrejas antes que águilas.

¿Yo? Lo que yo quiero es dirigirme hacia un tipo y saber que si le empujo con suficiente fuerza caerá al suelo y podré patearle hasta que se ponga a llorar y a llamar a su mamá. Y esto no se consigue con ese baile de señoritas del Tao del engaño.

Por último, la mentira es una defensa. La verdad es la mejor arma ofensiva.

SÉPTIMA PARTE

La guerra

Prohíbe los augurios y las dudas supersti-
ciosas y aun la muerte perderá así su aspecto
temible.

Sun Tzu

Los dioses deben de estar locos.

Proverbio africano

Transformarse con el enemigo

Mira cómo saco un conejo de mi sombrero.
Nada por aquí, nada por allá... ¡Listo! Vaya,
es el sombrero equivocado.

El alce Bullwinkle

Una de las cualidades del hombre de negocios exitoso —sobre todo para aquellos que han alcanzado un estatus ejecutivo— es una rigidez de carácter un tanto loca. Piénsalo. Si has llegado hasta cierto punto de tu carrera es porque has jugado de determinada manera. No es cuestión de que cambies ahora esa forma de jugar.

Esta rigidez de personalidad da lugar al fenómeno, obvio en personas con grandes reservas de poder, de *ser siempre al ciento por ciento ellos mismos, no importa lo deplorable que eso sea.* El mundo cambia alrededor de estas personas; ellas no cambian.

Disfrutar de una personalidad autoritaria y rígida tiene sus ventajas y sus inconvenientes.

Cara	Cruz
Convicciones firmes	Nunca admiten sus errores...
Creen en sí mismos	... ni aun cuando deberían
Son resolutivos	Son impulsivos
Son atrevidos	Son temerarios

Cara	Cruz
No aceptan un «no» como respuesta	No escuchan
Son duros	Son feroces
Asumen responsabilidades	Creen que todas las ideas son suyas
Son visionarios	Deliran

Esta lista de ventajas e incordios sugiere dos cosas:

1.   Esta gente debe ser manejada con rigor por sus subordinados para evitar que se peguen un tiro en un pie, casi literalmente. Controlar a esta categoría de gente rígida cuando se desmadra no es tarea de sus superiores jerárquicos —quienes por lo general confían en su locura—, sino de quienes trabajan para él. Cada uno de sus aspectos negativos ofrecen una oportunidad al guerrero sensato y brillante para ayudar (es decir, manipular) a su maestro.

Si se trata de un testarudo, por ejemplo, puedes informarle de cuestiones que lo obliguen a cambiar de opinión. Cuando por fin se decida a hacerlo, a regañadientes, recordará por un instante lo duro que resulta hacer lo que tú has hecho y posiblemente lo valorará.

Si queda decepcionado con el cambio, actúa como si se tratara de un ensayo general, o no, como tú lo veas.

Recuerda que los puntos débiles y las excentricidades de cualquier ejecutivo no son en sí mismos un problema, sino una oportunidad para manejar las fuerzas que se supone te manejan a ti.

2. A no ser que se logre atemperar de algún modo la rigidez del general (o de ti, si tú eres el general) habrá problemas en vuestro esfuerzo de guerra. Sun Tzu, siempre tan listo cuando expone sus ideas acerca de la visión estratégica y táctica de las cosas, deja claro, con su peculiar e impenetrable estilo, que el guerrero debe saber improvisar y, más importante aún, alternar ortodoxia con heterodoxia, lo esperado con lo inesperado.

Precisamente con este tipo de comportamiento tendrá problemas el típico guerrero de gatillo fácil. Si éste es tu caso, debes reflexionar, mientras sigues la senda de la guerra que pretendes iniciar, acerca de cómo atemperar tu personalidad para transformarte según lo haga tu enemigo, según él o ella cambien, se muevan, se hagan más fuertes o más débiles, se calmen o resulten más agresivos.

La transformación se opone a la rigidez. Puedes empezar a desarrollar la habilidad de transformarte siguiendo los siguientes pasos cada día:

• Escucha lo que la gente tenga que decirte al menos durante cinco minutos cada veinticuatro horas, aunque lo que te cuenten te aburra, sea una estupidez o pura obstinación, odioso o te importe un cuerno. Escucha. Y, mientras escuchas, permite que las palabras de la otra persona te calen y te cambien aunque sólo sea un poquitín. El mero hecho de escuchar, probablemente algo que te es ajeno, servirá para que cambies ligeramente, si tú lo permites.

• Observa a tu enemigo y lo que esté haciendo. Piensa lo siguiente: «¿Qué haría si no estuviera completamente seguro de que siempre hago lo que es correcto? ¿Cambiaría mis planes y mis métodos?» Aunque eso sólo signifique que cambies por un día el color de tus calcetines, hazlo. Empieza a cambiar pequeñas cosas de ti como respuesta directa a lo que has averiguado de tu enemigo. Si sueles despertarte temprano por la mañana y él no se muestra activo hasta el mediodía, intenta holgazanear hasta media mañana y ponte a pasear cuando él lo haga. Si a él le gusta filtrar información a la prensa y tú estás totalmente en contra, plantéate utilizar su propia medicina contra él.

• Cambia poco a poco tus hábitos de comida, no para dejar de comer nada, sino para sorprenderte con lo que le das a tu cuerpo. Si eres mujer y tu estricta dieta es a base de fruta y yogur, prueba una mañana tostadas con beicon. Se trata de domeñar tu carácter para que no te acostumbres a viajar sólo por caminos trillados. El mundo es un lugar enorme, con muchísimas opciones y muchas maneras de hacer las cosas. Tienes que entrenarte para percibirlas y responder a ellas no sólo de maneras previsibles.

• Una vez a la semana pídele a alguien que te haga una sugerencia. Sigue su consejo, aunque te resulte difícil, para saber qué ocurre.

• Cómprate un sombrero. No una gorra de béisbol, mucha gente lleva una y les sienta tan mal como a Michael Moore. No, cómprate uno de fieltro, un panamá, uno de ala ancha o uno de paja y póntelo los fines de semana. Te sentirás distinto con él. Y de eso se trata.

• Si odias la ópera, ve a una representación. Si odias el fútbol, asiste a un partido. Si no tienes oído musical, ve a clases de canto. Si estás casado, lleva a tu mujer a un local nuevo. Ve de acampada, contempla el amanecer, atrévete a comer un melocotón.

Tu enemigo se presenta a ti cada día con nuevas opciones y nuevos desafíos. Si cada vez que esto ocurre tú respondes de la manera que de ti se espera, te estarás convirtiendo en alguien predecible, y un enemigo predecible es mucho más fácil de derrotar que aquel otro que somete a sus adversarios a continuas sorpresas.

Éstas son algunas de las cosas que cabe esperar en la guerra y en los negocios.

Cosas que cabría esperar de un líder

Que a la fuerza responde con fuerza
Que pague a la tropa a tiempo
Que no llore
Un peso corporal por lo general contundente
Un horario de trabajo por lo general contundente
Que no cante, excepto en espectáculos públicos
Que no tenga instrumentos musicales en el despacho
Que no suelte palabrotas, salvo en casos de jodida presión
Que suela mostrar respeto por la autoridad

... y cosas no tan deseables:

**Cosas que de algún modo
no cabría esperar**

Las tácticas agresivas
Las tácticas de represalia
Hábitos de comida y bebida
Los preparativos para la batalla
Actos de generosidad
Momentos de meditación en público
Que se ponga a gritar

Esta mezcla de lo que cabría y no cabría esperar formará parte importante del guerrero en el que te convertirás. Para alcanzar este objetivo necesitarás sintonizar tanto con tus amigos como con tus enemigos, y centrarte en el entorno físico, en el emocional, en el económico y en el intelectual en el que ha de desarrollarse tu guerra. Y transformarte en consecuencia. ¿Suena duro? Pues no lo es. No, si plantas cara a los elementos, sueltas un gruñido gigante y abrazas el caos en que se han convertido los conflictos entre humanos.

Esto es una guerra, no un paseo por el parque. Para eso has llegado hasta aquí, porque eres al mismo tiempo la más alta y la más baja expresión del animal que llevas dentro, de la civilización en la que vivimos y morimos. ¡Manos a la obra!

Guerra por los números

Había derribado y matado a tantos que su espada quedó partida en dos. Al fin pensó que ya había habido demasiada muerte y demasiada desolación para un solo día y decidió que dejaría escapar a los demás para que dieran a conocer la noticia.

FRANÇOIS RABELAIS, *Gargantúa*

1. Determina con claridad cuáles son tus objetivos y piensa un plan para alcanzarlos, asumiendo que, al menos al principio, no es una cuestión a tener en cuenta que el enemigo siga con vida.

2. ¿Qué deseas en realidad? ¿Tierras? ¿Que mueran unos cuantos miles? ¿Oro? Sueña a lo grande. No vale la pena meterse en guerras por metas poco consistentes o estúpidas.

3. He aquí algunos objetivos que sirvieron para desencadenar guerras famosas de las que tal vez hayas oído hablar, o tal vez no.

Guerra	Objetivo
Guerra de Troya	Destruir Troya / Enrollarse con Helena
Guerra Civil Norteamericana	Separarse de / Salvar la Unión
Guerra de Sucesión española	Sucesión monárquica

Guerra	Objetivo
Guerra de los Cien Años	Nadie lo sabe
Dillers contra Redstone	Paramount

4. Declarar la guerra. Lo mejor es hacerlo justo cuando acabas de lanzar tu primera y más importante ofensiva. Por lo general las guerras se inician con dos acciones simultáneas: la acción y la declaración. Van juntas. Las dos llevan el mensaje de que esto es una cuestión de negocios. Así que piensa adónde dirigirás tu primer golpe.

5. Ahora toma las riendas de la ofensiva. Tanto enemigos como amigos son conscientes de que los horrores y las alegrías de la guerra se ciernen sobre ellos, de modo que es el momento de ponerse las pilas y excitarse. Es el momento preciso, porque pronto habrá tanta sangre esparcida por el suelo que todos olvidarán de qué se supone que va la cosa, y porque es en estos momentos cuando el agresor obtiene los mayores beneficios.

6. Unas palabras a este respecto. Si tienes que elegir entre el papel de agresor o el de agredido será mejor que te decantes por el primero. Los agresores pueden vencer. La mejor esperanza de quienes se defienden es no perder. ¿Ves la diferencia? Golpea pronto cada día, y golpea a menudo. La guerra es para el rápido y el espabilado.

7. Acumula aliados. Cuando ya hayas demostrado que eres agresivo y estás dispuesto a hacer daño a terceros, podrás empezar a atraer hacia tu causa a otras personas que deseen unirse a ti para su propio provecho. A éstos los llamamos aliados. No son tan buenos como los ami-

gos, por una parte, ni estarán tan dispuestos como ellos a morir por ti, por la otra, pero tienen su importancia.

8. El conglomerado de tus aliados está formado por distintos grupos:

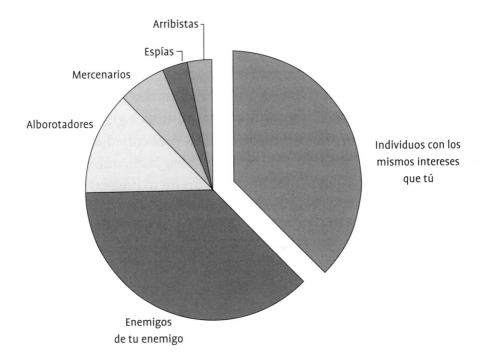

9. Unas palabras acerca de los espías. Aparte de los consultores, son la más obvia expresión de un entorno social enfermo. De hecho, en muchos casos el espía es un consultor.

10. Los espías son útiles para obtener datos del campo enemigo y colarle información falsa. En tiempo de guerra tendrás que asumir que los espías siempre trabajan para los dos bandos en conflicto y, en última instancia, para ellos mismos. Esta última circunstancia los convierte tal vez en la fuente más constante y fiable con la que tú,

líder y guerrero, deberás tratar. Siempre dependerás de un espía para que haga el trabajo de un espía, puesto que amigos, enemigos y subordinados en ocasiones actúan de manera imprevisible. Y en la guerra hay que evitar lo imprevisible al precio que sea.

11. Cuenta con los medios de comunicación. Te sorprendería saber lo importante que es la propaganda para tus propósitos. Piensa en la manera en que Kim Jong Il, el demente, ególatra y cruel dictador de Corea del Norte ha manipulado con imágenes culturales gigantescas los cerebros infraestimulados de sus preocupados súbditos. Calles y flores llevan su nombre. Imagina lo que sería capaz de hacer si en su país dispusieran de más electricidad.

12. Vamos a hablar un poco del trabajo de los relaciones públicas.

Jesús tenía a los cuatro evangelistas y, en fecha más tardía, a Mel Gibson. Samuel Johnson, un gordo ingenioso que ilumunió el siglo XVIII, contaba con un escribiente llamado Boswell que lo seguía a todas partes para dejar constancia de todas sus simplezas. Trump se tiene a sí mismo. Todo maestro de la guerra controla la historia mientras los acontecimientos se suceden. Es de todos conocido que un bando pierde la guerra cuando ha perdido el control de la prensa.

Lo que debes saber acerca de la prensa, si llegas a tratar con esta gente tan simpática e inteligente con un trabajo tan desagradable, es que lo que más les apasiona es tener una historia que contar. Historias como éstas:

- Irresponsabilidades fiduciarias
- Material de índole sexual

- Controversias culturales
- Chismorreos de celebridades / infundios

Lo más importante para ellos, algo imprescindible, es la necesidad de alimentar la bestia cada día. Piénsalo. Cada vez que salen a la venta tienen que enmarcar con algún tipo de contenido su centenar de páginas de publicidad. Imagínatelo. Es duro. De modo que si les das una historia, por muy estrambótica o descerebrada que sea, ellos la escucharán. Lo cual será estupendo para ti en la guerra, porque si eres agresivo en este ámbito mientras permaneces en el campo de batalla, tendrás la posibilidad de definir cómo los demás percibirán la guerra. Y eso, colegas, lo es todo.

13. Ahora empieza a matar gente. ¿No te habías enterado todavía de que se trata de eso?

14. Siempre me ha sorprendido que la gente se altere o se impresione con la idea de que hacer la guerra implica matar a gente. Eres afortunado. Estás en el mundo de los negocios, no en el negocio de la guerra. La guerra —la de verdad— es una auténtica guarrada. Una sola vida humana ya es preciosa. ¿Qué pretendían los millones que la han perdido? ¿Qué estupidez? ¿Y siempre en nombre de la razón y la justicia?

15. ¿Y tú? Tú eres afortunado. Te enfrentas en una guerra de señoritas porque nadie morirá en ella, no de verdad. Y además partirás con ventaja porque, gracias a mí, no eres un maldito blandengue.

16. En la guerra a la gente se le pide que rinda cuentas por sus masacres, por las horribles cosas que han hecho a sus adversarios. El universo de los negocios palidece en comparación.

17. Acerca de matar a la gente. Es difícil al principio; a continuación, si eres una persona decente, muy
poco a poco empieza a resultar más fácil, hasta que se convierte en algo tan natural como cerrar un trato. Si no
eres una persona decente, tanto mejor para ti. Eso aumenta
un grado tu valor. Aunque, en resumidas cuentas, la gente
se cabreará contigo, así que procura mostrarte hacia los
demás como si no fueras consciente de que lo eres. Tal vez
pienses que es una ventaja, pero no lo es.

18. Pregúntate: «¿A quién se supone que debo
matar?» Debería ser evidente para ti por poco que lo pensaras. Si no es así es que no te estás implicando en la
batalla. ¿Qué pasa contigo? ¡Ponte las pilas!

19. Veamos a continuación un par de maneras de
cargarte a alguien en tu camino hacia el éxito.

a) Humillación: se trata de una arma muy indi-
cada y perversa, más de lo que puedas suponer. Es relativamente fácil recomponer tu situación cuando te han
pegado un par de gritos. Pero resulta mucho más difícil
aguantar el tipo cuando el suelo a tus pies está infes-
tado de gusanos.

Recuerda que la guerra en los negocios poco tiene
que ver con la «guerra relámpago» al estilo Sun Tzu, en
la que las hostilidades terminan antes de que al general
se le enfríe el café. Los chinos han hecho otra contribu-
ción superior a la cultura del mundo: la tortura del agua.
No hay peor cosa que asistir a un enfrentamiento personal y letal entre dos enemigos en el que uno de ellos
humilla al otro hasta que éste ya no puede soportarlo
más. He visto a hombres de pelo en pecho y a mujeres
de armas tomar soportar continuas y dolorosas vejacio-

nes durante meses y meses para, al final, abandonar, olvidarse de indemnizaciones y opciones y optar por un pedacito de verde.

El comportamiento en una corporación está limitado. La manera en que a una persona se le permite reaccionar a la tortura depende de su rango, de su físico y del poder de quienes están por encima y por debajo del escalafón. Un vendedor, por ejemplo, *nunca* debe gritar a un jefe de compras, por muy ofensiva y perjudicial que sea su actitud. Con una campaña de humillaciones, correctamente ejecutada, se conseguirá la total *evisceración* del enemigo sin que el agresor corra prácticamente peligro.

b) Decapitación: en ocasiones, no obstante, no tendremos tiempo de disfrutar de una muerte o un desmembramiento individualizados. Tenemos que seguir haciendo negocio. Habrá que dar por terminada la batalla y pasar a otros aspectos de la guerra. Es entonces cuando deberemos separar la cabeza de nuestro adversario de sus hombros con un golpe magistral.

Por lo general, cercenar la cabeza de otros tipos no suele ser demasiado difícil, porque en los tiempos que corren resulta difícil mantenerla segura en su sitio.

Ve con cuidado. Se sabe de algunos ejecutivos que han sido capaces de hacer mucho daño a otros a pesar de haber perdido la cabeza. Asegúrate de que tanto la cabeza como el cuerpo no representan ningún peligro antes de pasar al siguiente enemigo.

c) Defenestración: lanzar a otra persona por la ventana. Esta acción puede realizarse después de la humillación del enemigo, cuando él o ella se muestran débiles y casi desean que los lances, pero también sirve para deshacerse del cuerpo del antagonista cuando su cabeza haya dejado ya de funcionar.

20. Quieres llegar a alguna parte. Mientras te deslizas entre pececillos, en ocasiones te encuentras con un pez mayor, y como todos los auténticos mafiosos saben, el pescado empieza a apestar por la cabeza. Corta la cabeza y la cola morirá. Si lo que te interesa es que mueran las colas. Tal vez prefieras que mueran otras partes del pescado. El hígado de un pescado, por ejemplo, es desagradable, sobre todo si tienes que bebértelo.

21. Con todo, suele ocurrir que una vez quitadas las espinas y puesto en la plancha el liderazgo de tu enemigo, la guerra, con todo, continúe. Entonces se convierte en una batalla por los corazones y las mentes de la gente. Llegados a este punto, el trabajo de tu relaciones públicas resulta de lo más importante. Busca acólitos poderosos, de perfil alto, para que te aporten credibilidad. Muestro a continuación una lista de campañas famosas y el respaldo que les impulsó a lo más alto.

Producto	Portavoz
El Imperio Británico	Rudyard Kipling
Alfred Dreyfus	Émile Zola
Benito Mussolini	Ezra Pound
Frigoríficos Westinghouse	Betty Furners
Champú Wella Balsam	Farrah Fawcett
Hábitat de la Humanidad	Jimmy Carter

Producto	Portavoz
Jell-O	Bill Cosby
Pepsi	Britney Spears
Get More (T-Mobile / Michael Douglas)	Catherine Zeta-Jones

22. Ha llegado el momento de abrir otros frentes en el conflicto. Pero tienes que ir con pies de plomo. Abrir un frente nuevo, grande, significa nuevos soldados, una nueva fuente de ingresos, más carne para tus barbacoas. También significará que tendrás que multiplicarte y reelaborar tus planes, pero procura que tus pies de plomo no se hundan en el barro. Dicho de otro modo, si vas demasiado lejos corres el riesgo de joderlo todo. Pero si te quedas quieto no conquistarás nada, o sí.

23. Nuevos frentes. Días de gloria del Tercer Reich. Podría decirse que Hitler estaba haciéndolo de maravilla hasta que cometió el error de abrir el frente oriental contra Rusia. A continuación, fue sólo una cuestión de tiempo que Alemania, que tenía que repartir su esfuerzo bélico por casi toda Europa, empezara a caer y a escapar a la soleada América del Sur.

Éstos son otros frentes abiertos por guerreros a lo largo de la historia, para bien en algunos casos, para peor en otros. Tú, por supuesto, lo harás mejor que ellos.

Guerrero	Organización	Nuevo frente
Varios Césares	Roma	Russell Crowe
Ben (Bugsy) Siegel	Mafia	Las Vegas
Akio Morita	Sony	Lew Wasserman
Sam Walton	Wal-Mart	Armas semiautomáticas
Bud Selig	Béisbol	Jugadores exprimidos
Roberto Guizueta	Coca-Cola	Agua
P. Diddy	Bad Boy	Tallas grandes

24.   La guerra cuenta ahora con distintos frentes. Cada día hay éxitos y fracasos. Tú eres paciente, porque sabes que la vida es guerra y que el final de esta última no llega hasta que no has hecho todo lo que tenías que hacer en la primera.

25.   De modo que ¡a luchar, guerrero! ¡Buena suerte!

26.   ¡Sin miedo!

27.   ¡Sigue en contacto!

Cobardía y valentía

La cobardía es la madre de la valentía.

SUN TZU

La cobardía cierra los ojos de la mente y
hiela el corazón.

RALPH WALDO EMERSON

Sun Tzu creía que no eran formas pedirle a la gente
pequeña que tuviera valor. Decía que simplemente había
que ponerla en el camino del Shih correcto y que el resto
llegaría solo, o algo así. Una vez más, esto no encaja con
ninguna de mis experiencias, aunque algo de verdad haya
en ello. Si acorralas a la gente contra un muro luchará por
su vida con gran espíritu, sin necesidad de coraje.

La verdad es que entrar en una situación de batalla
sabiendo que estás en condiciones de pasarle la mano
por la cara al adversario desde el principio, bien, es una
gran sensación. Estoy convencido de que a todos nosotros
nos encantaría que siempre fuera así; los grandes estrate-
gas tienden a crear esta clase de situaciones favorables. Tú
también puedes hacerlo, si cuentas con:

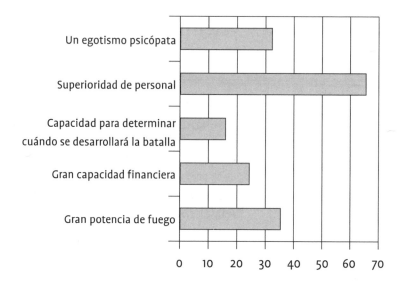

Estos activos, no obstante, son relativamente escasos.
La mayoría de las veces funcionamos con bastante menos:

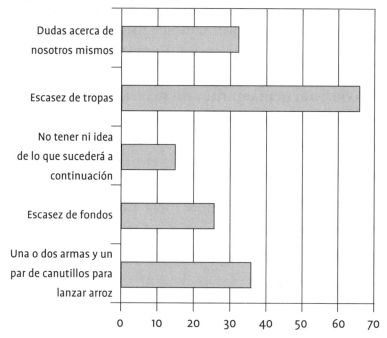

¿Hasta qué punto somos valientes, entonces, nosotros, que luchamos con lo mejor que tenemos cada día a pesar de nuestras carencias? No te equivoques, guerrero. Necesitarás toda tu valentía para conciliar todas las noches un sueño reparador, dulce, sin pesadillas, que te permita recargar las pilas para los desafíos del día siguiente, para despertar cada mañana con el obligado fuego en el cuerpo y el ansia de seguir avanzado a través del lodo y la sangre, batalla tras batalla.

Y esto no se consigue si no es haciendo acopio de valentía, puesto que la naturaleza humana tiende hacia la precaución, a la cobardía inteligente. Ésta es la razón por la que seguimos evolucionando como especie y el trilobites y el alosaurio no. Somos inteligentes. Evitamos potenciales situaciones de peligro. Para reunir el coraje suficiente para unas más que probables heridas, para los problemas que surjan, necesitamos sentirnos leales a una organización y que ella misma nos sea leal, percibir que los oficiales al mando nos tienen afecto y, sí, divertirnos un poco.

OCTAVA PARTE

Silbar mientras se trabaja

La felicidad es una arma cálida.

JOHN LENNON

El material estúpido de Sun Tzu. Parte XIV: sólo vale la pena librar guerras cortas

> Ninguna nación ha sacado beneficio de una guerra prolongada.
>
> SUN TZU

> Te he amado demasiado tiempo para dejar de hacerlo ahora.
>
> OTIS REDDING

'

A la aseveración de Sun Tzu de que toda guerra debe ser corta y restringida sólo cabría observar que el hecho de que un tipo sea blandengue no significa que tenga que ser también un optimista.

Algunas guerras son breves. Pero no debes contar con que sea así.

De hecho, la mayoría de las guerras en el mundo de los negocios no se libran a corto plazo. Son maratones interminables, no son carreras de velocidad con vuelta de honor y champán después de cada final feliz.

Por eso es importante beber champán tanto si se gana como si no.

El gran jefe blandengue no va del todo equivocado. Un conflicto largo agota los recursos, cuesta un montón de dinero y hunde la moral del ejército. Por supuesto, todo esto es cierto. Pero sólo significa, ni más ni menos, que si pretendes aguantar y mantener viva la batalla deberás disponer constantemente de nuevos recursos, un montón enorme de pasta y un ejército que disfrute con el conflicto y que se aburra y se muestre intranquilo cuando no esté peleando.

Piensa en los orcos del libro *El Señor de los Anillos*. ¿Puedes imaginarlos haciendo algo que no sea marchar y luchar? ¿Te los imaginas un miércoles por la noche tomándose unas cervezas en una bolera? No. Son orcos. Luchan por las fuerzas del mal. Tú eres como ellos.

Así que ¿qué harás para reforzar tus recursos, y a ti mismo, para gozar de una moral tan alta que te pases los días cantando?

Divertirte todos los días. Y montártelo bien con la guerra.

Sé que esto suena improbable, pero los grandes guerreros del mundo de los negocios dedican más tiempo a divertirse que a planificar su estrategia o a ejercitarse en campo abierto. Hay una relación directa entre la capacidad de divertirse en el trabajo cada día y la predisposición a proteger esa forma de vida y, siempre que sea posible, mejorarla.

Diversión y éxito: una correlación directa

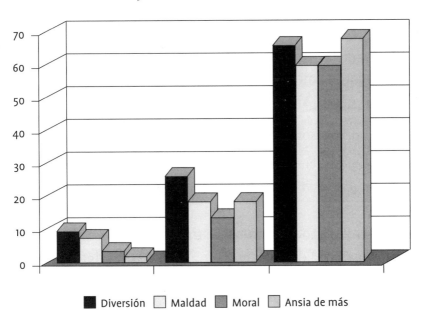

Como ves, poca diversión genera una cantidad menor de los atributos que hacen que una guerra sea tanto apetecible como posible: maldad, buena moral y una placentera persistencia del ansia de desear más.

Por supuesto, lo que para algunos es divertido para otros resultará como un codazo en un ojo. Esta lista de grandes guerreros nos muestra con claridad este aspecto.

Guerrero	Su idea de diversión
David	Betsabé
Vlad el Empalador	Empalar
Enrique V	Emborracharse

Guerrero	Su idea de diversión
Enrique VIII	Comer cordero / decapitar esposas
Bob el de la correspondencia	Un par de cervezas
Mike Dikta	Un par de viagras
Richard Branson	Ir en globo
Tu vicepresidente de ventas	Seis martinis / perder el conocimiento

¿Lo ves? Todos somos distintos, todos tenemos distintas maneras de pasarlo bien. Mi amigo Rafferty piensa que es divertido deambular por las calles de una ciudad desconocida, como Minneapolis, por la noche, y beber hasta el coma. En realidad, mucha gente que conozco mezcla los negocios con el golf, dos pasatiempos lo suficientemente irritantes cada uno a su manera. Pero acerca de gustos no hay nada escrito.

De modo que dale un toque de diversión a lo que estés haciendo. Y si no lo haces, cambia de juego. Nadie va a declarar la paz en el mundo por el momento y hasta que así ocurra no es cuestión de que te noquees a ti mismo.

Alguien va a sufrir
(pero no tú)

> La guerra es estimulante. Suscita lealtades,
> solidaridad. La guerra nos proporciona un
> propósito y una guía. La guerra era lo que
> yo quería. Yo era la guerra. El guerrero de
> la música estaba a punto de actuar. Reuní
> mis fuerzas. Pronuncié discursos altisonan-
> tes, fijé mis expectativas en la competición
> y la primera cosa que dije fue James Taylor.
> ¿No sería maravilloso robar a James Tay-
> lor a la Warner? ¡Qué manera de empezar
> la guerra!
>
> WALTER YETNIKOFF,
> ex presidente de CBS Records

Es la voz de un guerrero de los negocios demente, uno de esos que camina por un campo minado convencido al ciento por ciento de que el único que no saltará por los aires este hermoso día de verano será él. Y no lo hace. Es gente que llevan vidas llenas de encanto, y que entierran a un montón de colegas antes de irse.

La parte hermosa de la guerra en los negocios, a no ser que tu negocio consista en importar cocaína colombiana u ocultar fugas de combustible radiactivo en el Medio Oeste, es que por lo general no tendrás que ver sangre. Tal vez por eso podamos perdonarle de vez en cuando a Sun Tzu que fuera un señoritingo blandengue.

Sus muchachos trabajaban con munición real, no con teléfonos móviles y BlackBerrys.

No obstante, nadie niega que la violencia sea una cosa muy muy mala, sobre todo para quien resulta herido. Espero que hayas pensado en ello largo y tendido antes de meterte de lleno en una guerra inevitable a quien nadie importa.

Si ya lo has hecho, y estoy convencido de que no me mentirías en algo así, sin duda habrás llegado a la conclusión de que puesto que alguien tiene que sufrir en la guerra lo mejor será que sea otro y no tú.

Hay una jerarquía del sufrimiento que todos los grandes generales, y aun los pequeños como tú, asumen implícitamente. Ésta es la gente que, idealmente, debería sufrir, en orden de preferencia (de la tuya).

- **El enemigo**: la empresa A absorbe la empresa B. «Cada una por su cuenta, somos grandes empresas. Juntas, nadie nos detendrá», dice el presidente del consejo en una nota cuando las dos compañías se fusionan. «No os preocupéis», responde el ejecutivo de recursos humanos cuando la gente de la empresa B, bastante nerviosa, le pregunta qué ocurrirá con los que sobren... «Buscamos los mejores y los más brillantes, no nos importa que sean de la empresa A o de la B. Si eres excelente en tu trabajo, formarás parte del nuevo equipo.» Dos semanas más tarde todos los de la empresa B pierden sus despachos, sus trabajos y el acceso a la cafetería. ¿Qué ha ocurrido? Que al vencedor no le gusta sufrir. Sufren los perdedores. Ergo, si estás sufriendo, eres un perdedor. Sal de ahí y haz que otros sufran. Entonces serás un ganador.

• **Tus aliados, amigos y soldados:** a veces es necesario que en tu propio bando se sienta la punzada de la guerra. La gente muere, incluso la gente más cercana a ti. Así es la vida. Así es cómo las galletas se hacen migas o un viejo balón bota, si es que bota. Así, dentro de esta gran jerarquía del sufrimiento, siempre habrá alguien, el más insignificante, al que podrás elegir para que dé un paso adelante.

— Tipos a los que odias. Ciertamente habrá algunos en tu propio bando de los que podrás prescindir.

— Tipos que no están en tu lado de la estructura jerárquica. De acuerdo, te sientes mal porque lo viste en el último retiro de la empresa en Sanibel Island, pero en realidad tu vida irá mucho mejor sin ellos, ¿no?

— Asesores, espías y actores indefinidos. Toda empresa cuenta con unos pocos de estos tipos, y casi todos son siempre intercambiables. Se supone que pertenecen a tu bando, pero pueden dar el salto en cualquier momento y no son de fiar. Lanzarlos a un tanque de lava sería casi hacerles un favor.

— Tipos en tu lado de la estructura jerárquica cuyo trabajo podrías hacer tú mismo, ganando más. Tal vez la guerra sea una de las mayores fábricas de oportunidades, tanto en el mundo real como en el de los negocios. Los muertos en combate dejan lagunas en la infraestructura que tú podrás llenar. No las dejes escapar.

— Tipos que te caen bien. Deja que se vayan, ¿de acuerdo? Apuesto que de éstos habrá pocos. Procura que su sufrimiento sea casi tan importante como el tuyo.

— Tu jefe. Una aspiradora encima de tu cabeza podría sacarte del sistema solar. Aunque lo o la odiaras corres un riesgo si pretendes desestabilizar o perjudicar a tu jefe. Por si no lo has entendido: No lo hagas. En algunos casos será mejor que te lleves tú un disparo no letal que a tu jefe lo alcancen con una herida que lo deje paralítico. No creas que te sugiero una lealtad ciega o altruista. No es así. Simplemente digo que será malo para ti que le ocurra algo al tipo que se interpone en tú y el abismo.

— **Tú**. Es obvio: tu trabajo consiste en permanecer vivo y en sufrir tan poco como sea posible. No se puede disfrutar de la guerra si se sufre demasiado. Un poco, tal vez, porque le añade algo de salsa picante a la vida. Pero si puedes evitarlo, que la cosa no vaya más allá de un corte mientras te afeitas.

Algunas cosas a evitar en tu esfuerzo por escaquearte del sufrimiento personal y disfrutar del follón de la guerra.

— Noches en vela. El truco consiste en salir al atardecer, en plena batalla, vestido con harapos y ponerte a dormir como una piedra al menos durante cinco horas. Por cierto, cinco horas deberían bastar a cualquier guerrero. A continuación te levantas... y a por ellos. Ya dormirás cuando estés muerto. Salir de juerga con la tropa y con otros generales sirve para levantar la moral, para establecer lazos de lealtad y para que la guerra discurra con mayor rapidez. Por otra parte, pasear por la mañana pocas veces es tan divertido como crees.
— Ansiedad demente... que por lo general ataca al amanecer. Y es difícil no ponerse ansioso cuando eres un tipo de ésos. Yo lo soy. No importa que muchas veces no haya

motivo alguno para estarlo, puesto que estás haciendo todo lo que está en tus manos para ganar y probablemente dejas a un lado lo que está fuera de tu control. El problema es que no te hace falta un motivo. Por eso lo llaman «ansiedad indefinida». Cuidado: la bebida no es una solución a largo plazo al problema de ansiedad. Por eso tendrás que hacerlo todo los días, para renovar su capacidad terapéutica.

— Depresión: demasiada bebida conduce también a este trastorno. También demasiado poca. La cura de la depresión, como bien sabe mi deprimida persona, es el tiempo, junto con constantes infusiones de masajes de ego y alabanzas proporcionadas por las personas que dependen de ti en el trabajo y, si es posible, en casa. A menudo la depresión tiene su origen en una atmósfera de rabia dirigida a uno mismo, probablemente con toda razón. El truco consiste, si pretendes seguir en tus cabales, en apartar esa rabia de ti y dirigirla hacia terceros.

— Culpabilidad: pero esta forma de tratar el problema tal vez genere en ti, más adelante, malos sentimientos, sobre todo cuando hayas hecho algo de lo que te avergüences. A propósito, si no has hecho nada así seguramente no eres un guerrero eficaz. No se puede hacer nada frente al sentimiento de culpabilidad, excepto endurecerte hasta que desaparezca. A medida que te foguees en la lucha comprobarás que la culpa te tortura cada vez menos, y que el depósito que la contiene disminuye al tamaño de una nuez cuando te conviertes en un auténtico profesional con canas.

— Anhedonia: que se define como la incapacidad de experimentar placer. Es una completa pérdida de tiempo. Olvídalo. Dios te ha puesto en este mundo para que disfrutes de la belleza y la majestuosidad de la existencia.

Cosas que puedes hacer mientras esperas la ocasión de matar o de que te maten

> Y nos divertíamos y nos divertíamos hasta que papá se llevó el Ford T-Bird.
>
> The Beach Boys

Palabra. Hay millones de cosas que puedes hacer para vivir tu vida mientras alrededor de ti hay quien pierde la suya. Aquí tienes unas cuantas salidas:

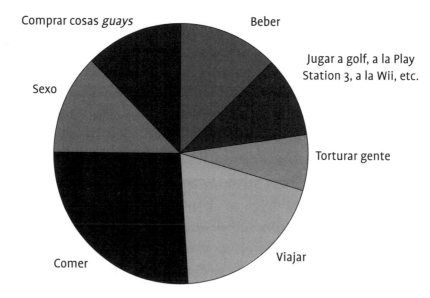

Comprar cosas *guays* · Beber · Jugar a golf, a la Play Station 3, a la Wii, etc. · Sexo · Torturar gente · Comer · Viajar

Beber: no quiero hacer hincapié en la importancia del alcohol en el comportamiento en los negocios. Francamente, no hace falta. No digo que todo el mundo tenga que ir trompa todo el tiempo. Sería estúpido. Siempre debes mantener el control de ti mismo y, más importante, controlar a los demás, y te será imposible hacerlo si tus avergonzados subordinados tienen que cargarte, babeando y farfullando, hasta tu habitación en el hotel.

Pero la bebida tiene efectos importantes para ti y para el ejército que tienes la fortuna, o quizá no, de liderar. En primer lugar, como ya he dicho, ayuda a cohesionar el equipo y contribuye a crear la falsa sensación de intimidad personal sobre la cual se forja la unidad en el mundo de los negocios. Asimismo juega un papel relevante en la inhibición de los escrúpulos morales y en la represión del sentimiento de culpa... hasta, posiblemente, la mañana siguiente.

La mañana siguiente, a propósito, es un momento muy delicado del día para quien trabaja para ganarse la vida. Es el momento en que te arreglas la cara, metes tu cuerpo en la ropa que mejor oculte tus imperfecciones, decides qué debe hacerse —o no hacerse— en primer lugar, en segundo y en tercero o antes de que las furias descarguen contra ti. Todo ello pasa por el filtro de una toalla empapada hecha de todos los hilos que conforman tu personaje, de tus sentimientos verdaderos antes de activar los recursos de autojustificación, racionalización y estimulación.

Lo que yo te diga. Los primeros momentos de la mañana son duros. El objetivo es pasarlos tan rápido como sea posible y encarar la primera tarea del día con energía y decisión, al tiempo que te cierras a las realidades imperfectas, demasiado ruidosas y deslumbrantes, que encuentres en tu camino antes de tragar la tercera taza de café. Simplemente no te puedes permitir que esa primera hora determine cómo será el resto del día. De eso va el despido. **Jugar a golf, a Play Station3, a la Wii, etc.**: los juegos reproducen los desafíos del mundo de los negocios: se trata de competiciones en un contexto que limita con el absurdo, con sentimientos de superioridad, de inferioridad y pérdida y, en algunos casos, la necesidad de confiar en grupos de personas para llevar a cabo las tareas. Entre los lugares donde es posible disfrutar de estas importantes actividades se encuentran: campos de golf, Internet, Las Vegas, la oficina por la noche (si el juego es el póquer), Monte Carlo o, en muchos casos, los campos de fútbol, béisbol y rugby de las escuelas de vuestros hijos. Muchos soldados corporativos con un exceso de energía disfrutan entrenando los equipos en los que participan sus hijos, con lo cual consiguen trasladar los valores del mal genio y la escasa deportividad a la nueva generación que vendrá a sustituirnos.

Viajar: ir a distintos lugares para distraerse es una de las oportunidades que se le brindan al hombre de negocios, que hará bien en aprovecharla. Hay muchos lugares fantásticos en el mundo, y con toda seguridad también habrá una buena razón para visitarlos todos antes de morir en la batalla y que te manden al Valhalla con tu escudo. Entre las grandes ciudades para los negocios tenemos: Nueva York, Chicago, Los Ángeles, Seattle, San Francisco y alrededores, incluidas Napa y Sonoma —donde se puede llegar a pensar mucho acerca de estrategias alrededor de unas cuantas botellas de un excelente Zinfandel—, Boston (sólo en primavera o en otoño), Miami, Nueva Orleans y Las Vegas, si eres un degenerado. También tenemos Europa, con cantidad de ciudades y buenos hoteles, y Asia, de una rareza tan extravagante que haría falta una vida para visitarla.

Los hoteles son lugares fantásticos para disfrutar de la guerra, sobre todo en esta época en que cualquier habitación del Four Seasons o del Ritz está equipada con conexiones a Internet de gran velocidad, fax y teléfono, servicio de habitaciones y las proverbiales excentricidades. Si vuestra compañía os lo permite seríais unos imbéciles si no aprovecharais la oportunidad.

Un sabio consejo: que tu equipaje sea ligero. Eso de arrastrar una gran maleta con ruedecitas no da buena impresión. ¿Te imaginas a Napoleón cargando uno de estos equipajes de Nantes a Marsella?

Torturar gente: te sorprendería saber lo divertida que resulta la tortura para la mente aburrida y poco ejercitada de un ejecutivo. Pocas cosas resultan más entretenidas, cuando no se tiene nada mejor, que hacer correr a los ayudantes y a la gente a tu servicio, en medio de gran confusión y paranoia, para que hagan en ocho minutos lo que se supone olvidaron hacer. Los altos directivos suelen utilizarlo para sacarse de encima a aquellos que no son capaces de soportar la presión. Puedes entretenerte torturando a tus subordinados de distintas maneras:

* Pegar gritos sin ton ni son.
* Asignar a dos personas distintas la misma tarea.
* Invitar a la gente a algún gran acontecimiento para después cancelar la invitación.

- Aplicar un trato de silencio a quien suelas tratar con cordialidad.
- Meterte con su cuenta de gastos.
- Cargarte un trabajo perfectamente realizado con argumentos tan imprecisos y burdos que no admitan respuesta.
- Colocar un ratón en su silla (o cualquier otro objeto de broma).
- Cualquier cosa que se te ocurra (usa tu imaginación).

Sexo: los hoteles son un excelente lugar para este propósito, como lo son la propia casa o la de algún colega. De hecho cualquier lugar es bueno si tienes en mente la persona correcta. No te daré ningún consejo a este respecto, porque estoy seguro de que ya lo haces suficientemente bien. Baste decir que probablemente el sexo es lo mejor que puedes hacer para alejar tu mente de la guerra.

Aunque tal vez mejor aún sea el amor de la familia y el compañerismo de los amigos ajenos al trabajo, que te permitirán aislarte de las indignidades de una dura existencia. Por desgracia, son muy escasos los auténticos guerreros de éxito que cuenten con esta clase de amistades. Cuando ocurre es por pura coincidencia.

Comer: ¿hay algo mejor que una buena y suculenta paella cuando realmente es eso lo que quieres? ¿O un entrecot gigante? ¿O patatas asadas con mayonesa y beicon sintético? ¿O una buena loncha de pescado frito y crujiente con patatas? ¿Tal vez unas cuantas tostadas con mantequilla y mermelada y un enorme vaso de leche fresca? ¡Mmmm! La guerra queda a años luz de distancia, ¿verdad?

Comprar cosas *guays*: trabajas duro para ganar dinero. Cualquier día de éstos morirás por ello. Por fortuna, llenarás tu vida con un montón de estúpidos caprichos, y lo harás además porque resulta más divertido comprarlos que poseerlos. ¿El dinero proporciona la felicidad? Tal vez no. Pero te permite comprar un Maybach 62 de 543 caballos de potencia que cuesta 300.000 dólares.

Hacer negocios: claro. Recordemos que hay un montón de cosas que puedes hacer cada día que no tienen absolutamente *nada* que ver con la guerra. Veamos... está aquello que ayer pensaste que harías el año que viene. ¿Por qué no empiezas ahora? Por cierto, ¿qué era?

Mirar por la ventana: pasan un montón de cosas ahí fuera, en la calle. La gente pasea de aquí para allá. Se ven coches. El vendedor de globos que silba. Cosas de éstas.

Mientras así te entretienes, puedes pensar. Atesora esos pensamientos. Si los cuidas y los proteges, si los pones a cubierto los días lluviosos, descubrirás que es posible tener más. Muy pronto te encontrarás pensando. No puede ser malo.

NOVENA PARTE

La hora del botín

El vencedor se queda con el botín.

F. Scott Fitzgerald

El sabor de la victoria
(una pista: sabe a queso)

> Siempre será mejor disponer de muchos ábacos que de unos pocos, y muchísimo mejor que no tener ninguno.
>
> SUN TZU

> Pero el mero poderío militar, por muy grande que sea la superioridad, sólo genera un éxito a corto plazo.
>
> GEORGE KENNAN

Como el queso, la victoria tiene distintas texturas y sabores. Cuantas más saborees, más aprenderás a distinguirlas. El cheddar, por ejemplo, es fuerte y penetrante, como cuando Sandy Weil desbancó a John Reed en un enfrentamiento público con la gran CitiCorp como telón de fondo.

Alguien como Donald Trump debe de disponer de un gran y buen queso, un poco oloroso, algo dulce, que iría estupendamente con el jamón. Suizo, tal vez. Con agujeros.

El limburger es suave, con sabor a nueces, y realmente «perfumado», como Florida en 2000.

Visualiza tu propio queso. Imagínate comiéndolo sobre una rebanada de pan o una delgada tostada, como Ted Turner.

Imagina tu propia victoria, saboréala antes de que en realidad sea tuya. Parte fundamental de la victoria es ser un ganador.

Los auténticos guerreros se van a la cama por la noche con imágenes de queso en sus pequeñas y rechonchas cabezas. No esperan a que la victoria llegue para sacar sus calculadoras, sean éstas del modelo que sean.

La saborean en sus sueños y cuando se levantan por la mañana están hambrientos. En resumidas cuentas, si la pruebas, llegará.

Clases de botín

Cuando veas la oportunidad, aprovéchala.
Ve directo tras las cosas que amas.

SUN TZU

No hay premio para quien queda en
segundo lugar.

GENERAL OMAR BRADLEY

Las cosas buenas llegan con formas y tamaños distintos, pero en la guerra de los negocios son preferibles remuneraciones muy concretas en pago por el conflicto y el sufrimiento. Algunas de estas remuneraciones son tan valiosas que tendrás que ir a por ellas de inmediato para evitar que otros te las arrebaten. Demasiado Shih para ti si sales de ésta con una medalla y un par de palmaditas en la espalda del tipo que, de repente, ha conseguido un mejor despacho que el tuyo.

El botín no cae del cielo. Tendrás que ir a buscarlo. Irónicamente, en algunos casos deberás luchar por él una vez que haya terminado la guerra. Y recuerda que ver al presidente de pie en el portaaviones con el pulgar levantado no significa que hayan cesado las hostilidades. Ahora más que nunca la carrera la ganan los más fuertes y rápidos.

Ante todo ve tras el poder. Hace mucho tiempo participé en una guerra por el control de una nueva empresa surgida de una fusión. Las espadas permanecieron en alto durante seis meses. Nadie sabía quién iba a mandar en cada puesto. Por todas partes había asesores. La corporación matriz estaba sembrando todos los departamentos con tornillos de cabeza redonda. Había aspiradoras por todas partes, como en un buen hotel a primera hora de la mañana.

Mientras el humo y el polvo se disipaban vi al tipo que encabezaba la cultura que yo creí que iba a prevalecer y le pregunté por el trabajo que yo ansiaba. Para demostrarme que podía hacerlo si quería, lo hizo. A continuación lo anunció a la prensa sin someter el contenido del comunicado a su jefe. Fue algo temerario. Yo fui la herramienta; eso sí, una herramienta feliz.

Bien, podría haber sido cortés y esperar a que el sistema diera con la solución más acertada por lo que respecta al botín, pero ¿sabes qué? Ya lo hice antes en una ocasión y terminé en el tercer despacho pasillo abajo contando desde la esquina. No imagino por qué.

Cuando el poder llega no olvides construirte una posición. Demasiada gente pasa por alto este aspecto. Dicen: De acuerdo, el trabajo ya es mío, y también las responsabilidades, ¿para qué quiero un título pomposo y todo eso? Créeme, vas a querer «todo eso».

Piensa: Se está formando un nuevo gobierno de posguerra. En este entorno los títulos son más importantes que en cualquier otro. Por lo general la gente no sabe con quién se las tiene que ver y confía en las etiquetas para mostrar una cara u otra según el contexto de poder ante el que se encuentre.

Si eres un vicepresidente de algún modo los demás percibirán que eres de los que mandan. Si no lo eres, aunque tus responsabilidades sean mayores que las de un vicepresidente, nunca te invitarán a las reuniones de los vicepresidentes, y muy pronto pensarán de ti que eres un excelente trabajador, pero que no tienes calado para ser jefe. Eres un pardillo.

Además de poder y posición debes acumular tareas, de esas que te proporcionan cintas de distintos colores. Mira alrededor. Hay multitud de buenas tareas flotando por ahí, como en ese programa de televisión en el que el concursante se queda con todos los billetes de curso legal que le lanzan al aire y que sea capaz de atrapar en quince segundos. Las tareas a las que puedes echarles el ojo podrían ser:

- Reorganizar cualquier departamento.
- Trabajar como una especie de portavoz corporativo, lo cual incluiría discursos, entrevistas, comunicados a los accionistas o apariciones en radio y televisión.
- Participar en la elaboración del presupuesto de cualquier tarea, preferentemente una que no sea la tuya. Si alguien se encarga de la tuya siempre será mejor ir sentado en el asiento del conductor que en el vagón de cola cuando viajes con los generales.
- Organizar, planificar o asistir a cualquier retiro de fin de semana o a algún ejercicio de «refuerzo del equipo» (o alguna caza clandestina de pantaloncitos), por las razones más obvias del mundo. La probabilidad de que un hombre o una mujer con los que te hayas emborrachado te despida en un plazo de seis meses es un 62 por ciento menor que si habéis estado juntos sobrios, tú y él o ella.

Otra parte importante del botín podría incluir el espacio del despacho, puesto que va a haber «reestructuraciones», «consolidación de los recursos humanos» y «abandonos» después del cese de las hostilidades.

A este respecto, sé que no hace falta que te diga que hay dos factores a tener en cuenta cuando se trata de valorar un despacho: el espacio disponible y la situación en la planta. Es decir, tamaño y localización. Casi siempre las esquinas son un buen lugar. Por razones que probablemente proceden del día en que el primer hombre de las cavernas sensible eligió un agujero en la ladera de una montaña que le pareció un buen refugio. Procura que tu despacho esté bien expuesto.

Además de todo esto están, por supuesto, el dinero y los extras, y tal vez incluso una nueva relación con tu recién estrenado y poderoso jefe, el mismo que ha aplastado a los anteriores en el festival de puñetazos, todo lo cual entra como botín de guerra.

Pero el más maravilloso de los premios es la gente. Durante el proceso de vencer has tenido la oportunidad de incorporar tropas leales que vivirán y morirán por ti más adelante.

Ve con cuidado, dicho sea de paso, con los gusanos y los espías que han sobrevivido a su función y a su utilidad en el nuevo orden mundial. Esta gente que ha disfrutado de una fuerza y una influencia de las que ahora no disponen es muy peligrosa. Son como aquellos depósitos de pintura que los bancos colocan entre fajos de billetes por si los roban y que, tras un periodo prudencial de tiempo, explotan y manchan todo y a todos los que están cerca. Deshazte de ellos.

Escribir la historia

La guerra es paz.
La libertad es esclavitud.
La ignorancia es fuerza.
Los tres eslóganes del Partido.
GEORGE ORWELL
1984

Como escribió el filósofo Walter Benjamin, y ha sido repetido infinidad de veces sin atribuírselo a él, la historia la escriben los vencedores. Ahora tienes la oportunidad de influir en cómo la gente en el futuro cercano y más allá percibirá lo que has hecho y lo que vas a hacer.

Tienes distintas opciones para colocar un relato creíble que se incorpore más tarde a la historia:

• Periódicos, revistas de consumidores y de gremios, programas de televisión por cable que sirvan de vehículo para mensajes de cualquier clase.

• Anuncios; son caros, pero tienen una enorme credibilidad en una cultura de consumo en la que las ideas tienen tanto de producto como unas zapatillas deportivas.

• Correspondencia interna, a través de la cual el Partido se dedica a educar a las masas.

• Los libros, que a fin de cuentas conservan el mensaje durante más tiempo que cualquier otro medio, para lo bueno y lo malo.

• El boca a boca. Será el mejor conducto para la propagación de tus gestas heroicas. Ya va bien. Beowulf, Genghis Kan, Howard Hugues, guerreros cuyo misterio y cuya grandeza trascienden el marketing de la exaltación vacía y penetran la realidad de la historia oral. Tú también lo puedes conseguir, a menor escala, claro. Mi compañía y las vuestras tienen figuras envueltas en la neblina, algunas contemporáneas, algunas del pasado reciente, otras que dominaron la tierra en aquellos tiempos en los que tener iniciativa era una ilusión en la cabeza de tipos incapaces de hacer otra cosa.

Cada gran guerra en la historia de la raza humana cuenta con dos historias distintas: la que explica el vencedor y la que pertenece al perdedor. Veamos algunos ejemplos:

Guerra	Punto de vista de los vencedores	Punto de vista de los perdedores	Punto de vista de la historia
Troya	Los heroicos e inteligentes griegos triunfan sobre los estúpidos y crédulos troyanos	Mezquinos y falsos embusteros se introducen subrepticiamente en la ciudad y se llevan a la reina con propósitos lascivos	El de los vencedores

Guerra	Punto de vista de los vencedores	Punto de vista de los perdedores	Punto de vista de la historia
Revolución americana	Colonos combativos y amantes de la libertad triunfan sobre el opresivo poder del Imperio Británico	Traidores ingratos, violentos y desleales se rebelan contra la legalidad	El de los vencedores
Napoleónica	Un dictador tiránico, demente y bajito es derrotado y Europa queda a salvo	El cadáver esclerótico de la vieja Europa lucha contra la fuerza de la naturaleza que pretendía liberarla	El de los vencedores, excepto para algunos paranoicos esquizofrénicos que se creen Napoleón
Guerra Civil americana	Los enemigos de la libertad son derrotados	El Sur se levantará de nuevo	El de los vencedores, excepto en algunas zonas de Georgia, Alabama. Mississippi, Florida, Wyoming, Idaho, etc.

Guerra	Punto de vista de los vencedores	Punto de vista de los perdedores	Punto de vista de la historia
Invasión japonesa de China	Horribles monstruos que matan y secuestran y abusan de la hospitalidad	Gloriosa expansión de la primera civilización del mundo en territorio del estúpido pueblo chino	El de los vencedores
Primera guerra mundial	Se les enseña a los alemanes malos quién manda	La gloriosa Alemania humillada e injustamente tratada, pero no os preocupéis, porque volveremos	El de los vencedores, al final
Vietnam	El ansia agresiva y el imperialismo derrotados por la arrojada guerrilla liderada por el George Washington de aquel país	Los agresivos comunistas patean a los ciudadanos amantes de la libertad de una antigua nación	El de los vencedores, excepto para Hollywood

Como habrás comprobado, casi siempre es el relato de los vencedores el que cuenta, excepto en las películas de Stallone. Esto se debe al hecho de que el bando perdedor se dedica a elaborar sus amarguras y sus «qué hubiera ocurrido si...», mientras el vencedor construye su poder y su éxito, y se reafirma en la necesidad humana y natural de creer que todo ocurre por alguna razón y que el Bien, al final, prevalecerá.

¿No podríamos simplemente llevarnos bien?

> Tú amas la vida y nosotros amamos la muerte.
>
> PORTAVOZ DE AL QAEDA

Así, mientras el sol se pone lentamente por el oeste, decimos adiós a nuestra civilización.

En realidad no, ¿de acuerdo? Estamos dispuestos a luchar por cualquier cosa en la cual creamos, y la mayoría de nosotros creemos en la perpetuación de nuestro estilo de vida. Que incluye:

- **La libre empresa**: traducido al ámbito personal, esto significa que nos gustaría, a cada uno de nosotros, hacer bastante más de lo que hacemos cada día, y disponer de suficiente dinero para hacerlo. A algunos de nosotros nos preocupa que esto sea perjudicial para otras personas, para el planeta o para nosotros mismos. A muchos de nosotros no nos importa.
- **Disentir**: si deseamos decir algo, queremos decirlo. Del mismo modo, si deseamos hacer algo, nos gusta hacerlo. Siempre y cuando no perjudiquemos a nadie. Ese aspecto del pasado siglo xx permanece. A unos pocos de nosotros no se nos ocurriría ofrecer a otros pueblos los mismos derechos a hablar y actuar con libertad, pero no a todos nosotros.
- **Medios de comunicación**: queremos tener en nuestros todoterrenos iPods y lectores de CD de 12 discos, cone-

xiones rápidas en nuestros cafés y también TV a la carta. Sobre todo TV a la carta.

• **Sexo:** claro, nos excita el tema, pero no hay que esperar a ir al cielo para tener relaciones, ni aun quienes suspiran por una virgen.

• **Comida ahumada:** a todos les gusta, sobre todo las salchichas. Incluso los vegetarianos tienen un extraño mejunje elaborado a partir de soja y otras substancias viscosas al que le dan esta forma. Eso hace que se sientan mejor.

• **Bienes de consumo:** tenemos al alcance de la mano un auténtico cuerno de la abundancia repleto de cantidad de cosas, incluso aquellos que no tenemos tanto dinero como otros. Simplemente visita cualquier centro comercial Cost Co algún fin de semana y observa a gente de toda condición, de cualquier nacionalidad, mezclarse mientras adquiere grandes cantidades de ordenadores, mini aspiradoras, salsas Crest y Worcestershire y pilas AA, gambas y cruasanes grasientos tan grandes como pelotas de rugby. En la calle principal encontrarás sucursales de Home Depot, Wal-Mart, Honda y Chevrolet, Ford y Chrysler, y dieciséis clases de vodka en la licorería y supercómodas zapatillas deportivas y películas adecuadas a nuestra idiosincrasia en Blockbuster. Y si no sabes que necesitas algo, tienes a tu disposición una enorme máquina para convencerte de lo contrario.

• **Democracia:** ciertamente lucharemos por la nuestra, aunque no estemos convencidos de que sea nuestra responsabilidad imponerla a quienes prefieran vivir encadenados.

• **Éxito profesional:** haremos todas aquellas cosas reprensibles que sean necesarias para ejercer la cantidad de poder que nos convenga y para disponer en nuestras mesas, cada noche, de un pastelillo Hostess Twinkie relleno de crema. Y sentir, mientras dormimos en nuestras tibias camas, un día más, que hemos sido capaces de arrancar del pecho de nuestros competidores un corazón que aún latía.

• **No sentir pavor**: si estás leyendo este libro apostaría que perteneces a esa porción de la humanidad que preferiría no explotar en mil pedazos mientras viajas en autobús camino del trabajo, celebras algo en un restaurante con los niños o estás sentado en tu despacho mirando por la ventana.

No parece que ninguno de estos deseos sea nada del otro mundo. Y es bastante posible que allí adonde vayas, en este nuestro gran globo azul y verde, te encuentres con personas que estén dispuestas a hacer algún gran sacrificio para alcanzarlos.

Surge entonces una pregunta: si la mayoría de nosotros desea satisfacer las mismas necesidades básicas, ¿por qué no nos ponemos de acuerdo, nos damos la mano y vivimos juntos y en paz?

¡Imagínatelo! ¿Un mundo en el que cada cual reconozca el derecho de su vecino y de su vecina a ser feliz, a la libertad de expresión, a calzar unas zapatillas deportivas que al correr dejen ver una lucecita y a disfrutar de televisores de alta definición y pantalla plana? Un mundo en el que tú y yo tal vez no estemos de acuerdo en esto o en aquello, hermano o hermana, pero sabemos que compartimos el mismo derecho innato: el de llegar a ser todo aquello que merecemos ser como personas en el corto período de tiempo que estamos destinados a vivir en este planeta. Un mundo en paz.

¡Qué lugar tan hermoso sería! ¡Amor! ¡Tranquilidad! ¡Prosperidad! Podemos hacerlo realidad, amigos, si nos tomamos un respiro, fundimos nuestras espadas para construir arados y dejamos de pelearnos y reñir, por el bien de cada uno de nosotros, por el bien de todos.

Sí, puedo vernos, hombro con hombro, los corazones rebosando alegría y esperanza, dirigiéndonos hacia un futuro brillante, seguro, un futuro sin odio ni derramamientos de sangre, sin guerra. Pongámonos manos a la obra, hagámoslo posible, colegas guerreros.

Y ¡ay de aquel que se interponga en nuestro camino!